1분에 스트레스 날리는 유머!

로하스365팀

삶과벗

머리말

웃으면 뇌 신경망을 활성화시키고 정신 질환을 치유할 수 있다고 합니다.

최근 과학 학술지인 '뉴런'에 발표된 연구 내용에 의하면, "유머 감각은 육체적 · 정신적 건강을 유지하는 데 매우 중요한 요소"임을 전제하고, "직장 관계 등 인간관계를 건강하게 유지할 수 있고 스트레스를 제대로 극복할 수 있는 가장 큰 대안이 유머"라고 밝혔습니다.

'웃겨야 산다!'는 말도 있습니다.

유머가 인생의 경쟁력이고, 인생을 성공으로 이끄는 열쇠라고 할 수 있습니다.

"제 짝은 유머 있는 사람이었으면 좋겠어요." "가급적이면 유머 감각이 있는 부하나 동료와 일하고 싶습니다." 이처럼 배우자를 결정하거나 신입 사원을 뽑을 때도 유머는 결정적인 요소로 작용합니다. 때문에 '유머 리더십', '유머 건강' '펀 경영' 등의 단어가 요즘 자주 등장합니다.

사람은 오감 외에 예지 능력을 말하는 육감(서양에서는 영적인 세계를 포함해서 Six Sense라 함)이 있습니다. 그러나 이보다 더 나은 감각이 바로 '유머 감각'입니다. 천재지변 같은 대재앙을 이기고 극복하는 힘은 예지 능력이 아니라, 큰 고통 속에서도 유머 감각을 잃지 않는 불굴의 의지에서 나옵니다. 유머 감각은 곧, 잘 갈고 닦으면 즐겁고 행복한 인생을 향유케 하는 '제 7의 감각'입니다.

웃고 삽시다!
유머러스한 인간이 됩시다!
유머로 일상의 고민이나 스트레스를 한방에 날려버립시다!
즐거운 인생이 됩시다!!

– 로하스 365팀 엮음

웃음 철학 - 10계명

1. 크게 웃어라.

(크게 웃는 웃음이 최고의 운동이다)

2. 억지로라도 웃어라.

(병이 무서워서 도망간다)

3. 일어나자마자 웃어라.

(아침 첫 번 웃음이 보약 중 보약이다)

4. 시간을 정해놓고 그때마다 웃어라.

(병원 갈 일이 없어진다)

5. 마음까지 함께 웃어라.

(얼굴 표정보다 마음에 우러나야 진정한 효과가 있다)

6. 즐거운 생각을 하며 웃어라.
(그래야 즐거운 일을 창조할 수 있다)

7. 함께 웃어라.
(혼자 웃는 것보다 몇 십 배 효과가 있다)

8. 힘들 때는 웃어라.
(힘들 때 웃는 것이 진정한 웃음이다)

9. 웃고 또 웃어라.
(웃지 않고 보낸 하루는 큰 낭비다)

10. 꿈을 이뤘을 때를 상상하며 웃어라.
(꿈과 웃음은 친구 사이다)

차례

1분에 스트레스 날리는 유머!

로하스365팀

삶과벗

여대생의 쪽지

어느 여대에서 성윤리 강의가 있었다.

"여러분! 단 한 시간만의 쾌락을 위해서 정조를 간단하게 버리겠습니까?"

한 시간 동안의 강의가 끝나자 교수에게 학생의 쪽지가 하나 전달되었다.

그 쪽지에는 이렇게 쓰여 있었다.

⋮

"교수님! 어떻게 하면 한 시간 동안이나 쾌락을 즐길 수 있을까요?"

주례 비용

"목사님, 주례 좀 서 주십시오. 주례비는 충분히 드리겠습니다."

"축하해요. 돈은 신부가 예쁜 만큼 쳐 주십시오."

그러자 신랑이 목사의 손에 1,000원을 쥐어주고 갔다.

목사는 어이가 없었으나 이왕 약속을 했으니 주례를 서기로 했다.

결혼식이 끝나자 1,000원밖에 안 된다는 신부의 얼굴이 궁금해진 목사. 살짝 신부의 면사포를 들춰보았다.

그리고 조용히 신랑에게 다가가 말했다.

"얼마 거슬러 줄까?"

저세상 가는 차

어떤 세 사람이 죽어서 저승에 갔다.

염라대왕이 세 사람을 앞에 세우고 판결을 내리면서 하는 말이,

"너희들 이승에 있을 때 아내 몰래 바람을 몇 번 피웠는지 이실직고 하여라. 만약 거짓말 하면 그 즉시 지옥행이다!"

첫 번째 남자가, "아내 몰래 10여 명의 여자와 바람을 피웠습니다."라고 말했다.

그랬더니 염라대왕이 티코를 주면서,

"솔직하구나. 너는 이걸 타고 저세상으로 가라."고 말했다.

두 번째 남자는 "저는 솔직히 아내 몰래 5~6명 정도의 여자와 바람을 피웠습니다."라고 말했다.

그러자 염라대왕은 "음~ 너는 그래도 조금 낫구나."라

고 하면서 쏘나타를 주면서 저세상으로 가라고 했다.

이어 세 번째 남자가 말했다.

"저는 맹세코 아내 외에는 바람을 피운 적이 없습니다."

이때 염라대왕은 "음~ 너는 참으로 착하도다. 부디 다음 생에서도 바람을 피우지 말아라."라면서 그랜저를 내주며 편히 떠나라고 했다.

이 판결에 따라 세 남자는 티코 · 쏘나타 · 그랜저를 타고 저세상으로 떠났다.

그런데 갑자기 그랜저를 타고 가던 남자가 급브레이크를 잡더니 통곡을 하는 것이었다. 같이 가던 남자들이 갑자기 왜 그러냐고 물었다. 그 남자가 하는 말,

"저기 자전거 타고 가는 여자가 내 마누라야!"

자가용 운전사(1)

결혼한 지 10년이 넘는 부부가 어느 날, 남편이 아내의 요리 실력을 타박하는 데서부터 일어난 일.

"당신이 요리만 제대로 할 줄 알았더라면 가정부를 따로 고용하지 않았을 텐데. 가정부한테 나가는 돈이 애들 학비는 될 거야!"

"그래도 당신은 그런 말 할 자격 없어요. 당신 자가용 운전기사 월급이 얼마인지나 알고 하는 소리에요?"

"무슨 소리야? 운전을 못하는 건 당신이야."

이에 아내가 황당한 표정으로 말했다.

"당신이 밤일만 제대로 했으면 기사를 고용하지도 않았을 거예요!"

자가용 운전사(2)

어느 자가용 운전사가 주인집에 들어갔는데, 방에는 아무도 없고 욕실에서 목욕을 하는 듯한 물소리만 들렸다. 기사는 욕실 문을 두드리며 소리쳤다.

"어이, 오늘 어디 갈 데 있어?"

그 순간 욕실 안에서 화가 잔뜩 난 주인 남자의 목소리가 들려왔다.

"누구야! 김기사야? 아니, 자네 미쳤나. 그게 무슨 말버릇인가?"

당황한 김기사. 엉겁결에 튀어나온 말,

"어쿠, 죄송합니다. 전 사모님인 줄 알았습니다."

망가진 소원

어떤 사내가 자신의 처지를 비관하여 다리에서 뛰어내리려고 했다. 그런데 갑자기 뒤에서 "아서요!" 하고 누가 말렸다.

뒤돌아보니 나이가 많아 보이는 추한 여자가 서 있었다.

"나는 마술을 하는 여자인데, 당신의 소원 세 가지를 들어줄 수도 있으니 아까운 목숨 버리지 말아요."

순간 사내는 돈과 자동차, 예쁜 여자 등이 머리에 막 떠올랐다.

흥분되고 신이 난 사내는 그 여자에게,

"설마 그냥은 아닐 테고……. 무슨 대가를 치러야 그 소원을 들어줄 수 있나요?" 하고 물었다.

"우선 나하고 잠자리를 같이 해야 해요."

여자를 바라보던 사내는 흔쾌히 그렇게 하기로 하고 그 여자의 집으로 갔다.

그리고 잠자리 약속이 끝내자, 운을 떼었다.

"내 첫 소원은……."

이때 여자가 사내의 말을 가로막았다.

"당신 몇 살이죠?"
"마흔 다섯이요."

그러자 여자가 단박에 쏴 붙였다.

"아니, 그 나이가 돼서도 마술을 믿는 거요??"

진짜 변강쇠

내로라하는 변강쇠 셋이서 술을 마시며 힘자랑을 했다.

"어젯밤에는 네 번을 했어. 그랬더니, 아침 밥상이 달라지더군!"

그러자 두 번째 변강쇠가 말했다.

"그래? 나는 여섯 번이나 뛰었더니, 아침 밥상다리가 휘어질 듯 차리더군!"

가만히 있던 세 번째 변강쇠가 슬그머니 내뱉었다.

"나는 겨우 한 번만 했어!"

"겨우?"

먼저 말한 둘은 비웃는 투로 아침에 어땠느냐고 물었다.

그러자 그 변강쇠는 다음과 같이 대답했다.

"제발 아침식사 준비 좀 하게 놔달라고 하더군!"

영아가 미워서

준오에게 동생이 생겼다.

동생 이름은 영아.

그러나 준오는 동생 영아가 그렇게 미울 수가 없었다. 지금까지 독차지했던 엄마의 젖을 졸지에 빼앗겼기 때문이다.

심통이 극에 달한 준오.

무서운 계략을 꾸며 마침내는

엄마의 젖에 쥐약을 발라버리고 말았다.

······

다음날 옆집 대학생 형아가 병원에 실려 갔다.

영아는 여전히 엄마젖을 빨고 있다.

사이즈 재기

한 남자가 아내에게 장갑을 사 주려고 상점에 갔는데 아내가 낄 장갑의 크기를 딱히 알 수가 없었다.

이때 상점 여직원이 친절하게 말했다.

"사이즈를 모르시겠다고요? 그럼 저의 손을 한 번 만져 보고 어림짐작해 보세요."

남자는 여직원의 손을 만지작거리고는 장갑 하나를 골라 샀다.

장갑을 사가지고 상점 문을 나서던 남자가 잠시 주춤거리더니, 다시 상점 안을 들어와서 수줍게 말했다.

"저어~ 기왕 사는 김에 브래지어도 하나 살까 하는 데요……."

난센스 유머(1)

1. 여자의 히프는 왜 큰가?

-요강에 빠지지 않으려고

2. 오징어와 짱구의 차이점은?

-오징어는 말리지만 '짱구는 못말려'

3. 벙어리와 장님이 싸우면 누가 이기나?

-장님(눈에 뵈는 게 없으니까)

4. 장님과 소방수가 싸우면 누가 이기나?

-소방수(물불을 안 가리니까)

5. 소방수와 창녀가 싸우면 누가 이기나?

-창녀(기왕 버린 몸이니까)

6. 창녀와 할머니가 싸우면 누가 이기나?

-할머니(기왕 다 간 인생이니까)

7. 죽었다 깨어나도 못 하는 것은?

–바로 죽었다 깨어나는 것

8. 하늘에서 별 따기보다 더 힘든 것은?

–하늘에 별 달기

9. 누워서 떡 먹기보다 쉬운 것은?

–누워서 떡 안 먹기

10. 미역 장사가 좋아하는 산은?

–출산

11. 이혼의 가장 결정적인 원인은?

–결혼

12. 돈을 받은 만큼 몸을 허락하는 것은?

–공중전화

13. 여름을 가장 시원하게 보내는 사람은?

–바람난 사람

14. 의사와 엿장수가 좋아하는 사람은?

–병든 사람

16. 유부녀만 좋아하는 남자는?

–산부인과 의사

17. 현대판 빈부 차는?

–맨손이냐, 맨션이냐

18. 홈런 치면 절대 안 되는 운동은?

–탁구

19. 단골이 전혀 없는 장사꾼은?

–장의사

20. 포경수술의 순 우리말은?

–아주까리

21. 정말 눈코 뜰 새 없이 바쁠 때는?

–머리 감을 때

22. 발바닥 한가운데가 움푹 파인 이유는?

    –지구가 둥글기 때문

23. 바나나가 웃으면?

    –바나나킥

24. 바나나 우유가 웃으면?

    –빙그레

25. 아이스크림이 죽으면?

    –다이하드

26. 아몬드가 죽으면?

    –다이아몬드

27. 저축을 많이 하는 사람이 좋아하는 나무는?

    –은행나무

28. 김밥이 법원에 간 이유는?

    –참기름이 고소해서

29. 정삼각형의 동생은?

–정삼각

30. 높은 곳에서 애를 낳으면?

–하이애나

31. 우리나라에서 가장 오래 된 공중변소는?

–전봇대

묘한 인연

클린과 카사노가 저세상 어귀에서 옥황상제의 면접을 기다리고 있었다.

〈클　린〉- "어떻게 이리 오게 되었습니까?

〈카사노〉- "심장이 얼어붙어 마비가 되어서요. 당신은 요?"

〈클　린〉- "난 아내가 바람이 난 것을 알고 그 사내놈을 현장에서 잡으려고, 어느 날 일찍 귀가해 들이닥쳤습니다. 그런데 집안을 샅샅이 뒤졌지만 허사였어요. 어찌나 분하고 황당한 생각에 그만 심장마비를 일으켰지 뭡니까."

〈카사노〉- "어휴, 참~ 그때 당신이 냉장고만 열어봤어도 우리는 둘 다 살아있을 텐데 그랬네요!"

앙큼한 독신녀

오피스텔에서 혼자 기거하는 독신녀가 경비실에 전화를 해 왔다.

"맞은편 방 남자가 알몸으로 다니기에 신경이 쓰여서 일을 할 수가 없어요."

경비원이 그녀의 방에 들어가 살펴보고 말했다.

"상반신밖에 안 보이는데요, 뭘."

독신녀가 답답하다는 투로 소리를 질렀다.

"아저씨, 저기 의자 위로 올라가서 한 번 보세요!"

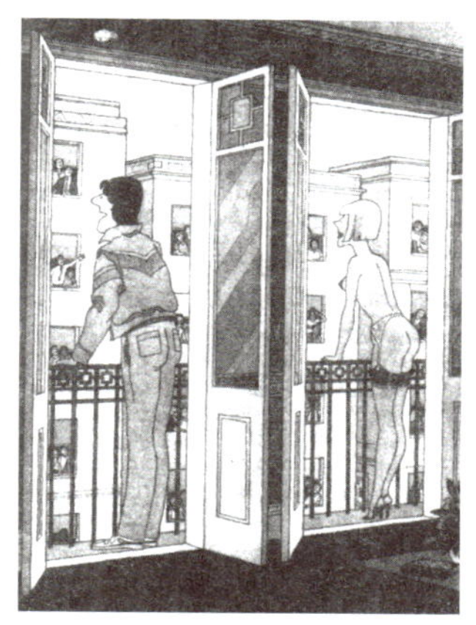

"도대체 뭘보고 저 야단들이지? 내 눈엔 아무것도 안보이는데 말이야!"

기사 아저씨의 일갈

50대쯤으로 보이는 버스 기사와 역시 그 나이쯤으로 보이는 승객이 무엇 때문인지 욕설을 퍼부으며 말싸움을 하고 있었다.

그러던 중 승객이 버스 기사와의 말싸움에 말뚝을 박는 한마디를 던졌다.

"넌 평생 버스 기사나 해라, 새꺄!"

순간 승객들은 '아, 버스 기사의 패배구나' 라고 생각하며 버스 기사를 주시했다.

그때 버스 기사 아저씨의 마지막 한마디,

"그래, 넌 평생 버스나 타고 다녀라. 새꺄!"

쓸 만한 애교

어느 회사의 최종 면접시험에 남자 두 명과 여자 한 명이 패스했다. 사장은 이들을 데리고 근처의 중국집으로 갔다.

그런데 사장은 이들 앞에서 자장면을 한 그릇만 시켰다.

"자네들이 돈을 내지 않고 나와 함께 자장면을 먹을 수 있는 방법을 말해보게."

첫 번째 남자가 말했다.

"저는 사장님께서 남긴 것을 먹겠습니다."

두 번째 남자는 한술 더 떠서 이렇게 말했다.

"저는 사장님께서 흘린 것을 먹겠습니다."

그러자 마지막 남은 여자가 결정타를 날렸다.

"싸장니임~ 입 닦지 마세요!"

누구 것이든 열나면 그만!!

옛날, 한 산골 마을에 가난한 부부가 살고 있었다. 하루는 소금 장수가 와서 하룻밤을 재워 줄 것을 요청했다.

"우리 집은 가난한고로 방이 좁고 다른 방도 지척에 있어 내외만이 겨우 기거할 뿐으로 외간 나그네가 유숙할 곳이 못 되오이다."고 했다. 그러자 소금 장수는 "여기를 지나다가 밤이 되어 달리 다른 집을 찾아가기도 어려우니 부디 하룻밤만 묵을 수 있도록 하여 주시면 좋겠습니다." 라고 애걸을 하여, 할 수 없이 옆방에 묵도록 허락하였다. 그리고 하룻밤을 묵는 대가로 소금 장수가 팔다 남은 소금 중에서 한 됫박을 주인에게 내놓았다.

밤이 이슥해지자 남편이 아내에게 말했다.

"여보. 내가 갑자기 송편이 먹고 싶은데 지금 해서 먹으면 어떻겠소?"

"옆방에 나그네가 있으니 우리만 해 먹기도 그렇고, 또 같이 먹자니 쌀가루가 많이 들지 않겠어요?"

"몰래 해 먹으면 되지."

"어떻게요?"

"내가 바짓가랑이에 끈을 묶고 자는 척하고 있을 터이니 송편이 다 되면 그 끈을 잡아끌면 내가 살짝 이 방으로 건너오리다."

"그것 참 좋은 생각이오. 그렇게 할 테니까 조금 기다리세요."

이때 옆방에서 잠을 청하다가 얼핏 부부의 말을 듣고만 소금 장수는 얼핏 괘씸한 생각이 들었지만 일부러 자는 척하고 있었다. 조금 후 남편이 살짝 방에 들어와 소금 장수가 자는 것을 확인하고는 자신의 바짓가랑이에 실을 잡아매고 한 끝을 건넌방으로 내보내고 누웠다.

그런데 남편은 그만 자신도 모르게 잠이 들고 말았다.

소금 장수는 얼른 남편의 바짓가랑이에 묶인 실을 풀어 자신의 다리에 묶어 매었다.

얼마 후 끈이 여러 번 당겨졌다. 남편은 코를 골며 깊은 잠에 빠져있었다.

소금 장수는 가만히 안방으로 건너가며 낮은 목소리로 그의 처에게 말했다.

"등불이 밝으면 소금 장수가 깨거나 엿볼까 두려우니 어서 불을 끄게나."

"어두우면 어떻게 떡을 먹어요?"

"어둡다고 떡이 입으로 안 들어갈까!"

그의 처는 맞는 말씀이라면서 기쁜 마음으로 등불을 껐다. 둘은 서로 송편을 먹여주기도 하면서 맛있게 먹었다.

송편을 다 먹고 난 소금 장수는 말없이 그의 처를 눕히고 뜨거운 사랑을 여러 번 나누었다.

흥분에 달뜬 그의 처는 "호호, 송편이 효험이 있었나 봐요. 오늘 밤 당신 아주 멋졌어요!"라고 하더니 이내 잠이 들어버렸다.

다음 날, 날이 밝자마자 소금 장수는 떠나버렸다.

닭이 우는 소리에 잠이 깬 남편은 그제야 '날이 이토록 밝았는데도 어찌하여 아직도 송편을 먹으라는 소식도 없는가?' 하며 이상한 생각이 들어 자신의 바짓가랑이를 보니 거기 매어져 있어야 할 실끈이 없어진 게 아닌가.

급히 처를 찾으니 안방에서 세상모르게 자고 있었다.

"이 보소! 송편은 안 주고 왜 잠만 자고 있는가?"

"무슨 뚱딴지같은 소리를 하시는지……."

"아니, 끈을 흔들어 주지도 않고 또 떡도 안 주고 잠만 퍼질러 자니까 하는 소리가 아닌가!"

그러자 처는 잠이 덜 깬 얼굴로 희미하게 눈웃음치며 "아까 밤에 떡을 실컷 드시고 나를 몇 번이나 초죽음으로 만들어 놓았잖아요. 또 생각이 있어서 그러시오? 나는 졸려 죽겠으니 내일 밤에 다시 합시다."

남편은 참으로 황당했다.

"그게 무슨 귀신 씨나락 까먹는 소리야! 내가 언제 떡을 먹고, 게다가 잠자리까지 했단 말인가?"

그제야 정신이 든 처는 지난밤에 있었던 일의 자초지종을 말했다. 처의 말을 들은 남편은 하도 어이가 없고 분통이 터져 소리쳤다.

"아니! 이 여편네야, 소금 장수하고 남편도 구별을 못하나?"

"어쩐지 이상하기는 했는데……."

"뭐가?"

"꼭 당신이 젊었을 때 같았다니까요. 기운이 얼마나 세던지……."

"그렇게 이상했으면 나를 깨웠어야지!"

그러자 남편의 호통을 가만히 듣고만 있던 처가 버럭 화를 내며 말했다.

"나는 송편을 먹고 힘이 났나 생각했지요! 또 한참 열이 오르는데 그게 당신 것인지 소금 장수 것인지 알게 뭐야!! 난 별스럽고 좋기만 하던데……."

정말 왕짜증 '잠자리'는?

7위 ➡ 애무도 못하면서 침만 묻히는 남자

6위 ➡ 술이 떡이 돼 안 서도 포기 안 하는 남자

5위 ➡ 기술도 없고, 그것도 작으면서 말로는 "너 오늘 죽었어!" 하는 남자

4위 ➡ 조금 느낄 만하면 자세 바꾸는 남자

3위 ➡ "아프다"고 소리치는데 그 소리가 "좋다"는 소린 줄 알고 더 세게 짓누르는 남자

2위 ➡ "오빠, 즐거웠어." 하니까 진짜 즐거운 줄 알고 "한 번 더 하자."며 머리를 밑으로 짓누르는 남자

정말 왕짜증 1위 ➡ 눕자마자 침 바르고 바로 넣는 남자

팬클럽

한 남자가 친구 병문안을 갔다.

병실에 들어서자, 수십 명의 간호사들이 병실을 들락거리며 그 친구를 극진히 보살펴 주는 게 아닌가.

그 광경이 매우 이상하여 친구에게 물었다.

(남자) 여보게, 이 많은 간호사들은 어떻게 된 거지?

(친구) 응, 별거 아냐. 내가 어제 포경수술을 했는데 스무 바늘 이상이나 꿰맸다는 소리를 듣고는 간호사들이 팬클럽을 결성했거든!

여자가 원하는 것

혼자 사는 여자 방에 강도가 들어왔다.

여자를 본 순간 강도는 금품에 관심이 없어지고 여자가 탐이 났다.

여자에게 다가가 강제로 옷을 벗기고 자기의 것을 꺼내 여자의 '그곳' 에 집어넣었다.

그 순간 여자는 "안돼요!" 하고 외쳤다.

그러자 강도가 "그럼 뺄까?"라고 묻자,

여자는 거푸 "안돼요!"라고 했다.

어이가 없어진 강도가

"그럼 나보고 어쩌라고!" 하자,

여자가 격하게 소리치며

.

.

.

.

"넣었다 뺐다 해주세요!!"

숏 개그(1)

*파리들의 식사

어느 날 아기 파리가 엄마 파리에게 말했다.
"엄마, 왜 우리는 똥만 먹어?"
그러자 엄마 파리가 말하길
"욘 녀석이, 밥 먹는데 웬 똥 얘기야!!"

*개구리 시리즈

개구리들이 연못에서 목욕을 하고 있었다.
그런데 한 개구리만 팬티를 입고 목욕을 했다.
다른 개구리들이
"너는 왜 목욕을 하는데 팬티를 입고 하니?"
"나, 때밀이야!"

숏 개그(2)

*고민 상담

시집간 딸이 친정에 와서 아버지에게 조언을 구했다.

"남편이 바람을 피워요. 어찌하면 좋아요?"

딸의 하소연을 잠자코 듣고 있던 아버지가 하는 말,

"그 문제는 네 엄마에게 물어보는 게 더 나을 게다. 경험상 잘 알고 있거든……."

*약이 뭘 알아?

약사가 환자에게 설명을 했다.

"노란색은 소화제구요, 빨간색은 감기약, 머리까지 아프다고 하셨죠? 바로 이 흰 것이 진통제예요. 아셨죠? 이 약들을 한꺼번에 드시면 됩니다."

"예, 전 잘 알겠어요. 그런데 이 약들이 각자의 역할을 잘 알고 있을까요?"

웃음을 보면 안다

✠ 색마의 웃음 = 걸걸걸(girl girl girl)

✠ 살인마의 웃음 = 킬킬킬(kill kill kill)

✠ 수사반장의 웃음 = 후후후(who who who)

✠ 요리사의 웃음 = 쿡쿡쿡(cook cook cook)

✠ 남자 바람둥이의 웃음 = 헐헐헐(her her her)

✠ 여자 바람둥이의 웃음 = 히히히(he he he)

✠ 어린애들 웃음 = 키드키드키드(kid kid kid)

✠ 축구선수의 웃음 = 킥킥킥(kick kick kick)

아가씨와 아줌마의 차이

아가씨 – 옷을 입을 때, 어떻게 하면 속살을 더 많이 내 보일까를 고민하고

아줌마 – 어떻게 하면 살을 더 감출까 하고 고민한다.

아가씨 – 길을 갈 때, 쇼윈도에 비친 자신의 모습을 바라보고

아줌마 – 다른 이쁜 여자를 쳐다본다.

아가씨 – 사랑을 받고 싶어 사랑을 찾고

아줌마 – 사랑을 하고 싶어서 사랑을 찾는다.

아가씨 – 눈물로 울고

아줌마 – 가슴으로 운다.

아가씨 – 사람이 싫으면 타인을 버리지만

아줌마 – 사람이 싫으면 자신을 버린다.

줄 서란 말이야!

아내가 다른 남자와 놀아난다는 소문이 있었다.

남편이 그 소문을 확인하기 위해 거짓으로 출장을 간다고 해놓고, 밤이 되자 자기 집 담을 뛰어넘어 침실 창가로 다가갔다.

소문이 사실이었다. 아내가 다른 남자와 함께 침대에서 놀아나고 있었다.

화가 머리끝까지 치밀어 눈에 뵈는 것이 없어진 남편은 '이것들을 그냥!' 하면서 요절을 낼 심산이었다.

그래서 한달음에 현관으로 뛰어 들어가려는 순간! 누군가 그의 목덜미를 채며 준엄하게 말했다.

"어디서 새치기야! 줄 서, 줄 서란 말이야!"

사장님과 똑 같네

어떤 회사 사장이 일을 열심히 한 여비서를 어여삐 여겨 자기 회사 내의 유능한 사원과 짝을 맺어 주었다.

두 사람은 결혼식을 마치고 호텔방에서 첫날밤을 치르게 되었다.

그런데 신부의 교성이 너무 컸다.

신랑이 나지막하게 책망을 했다.

"이봐! 그렇게 소리치면 어떻게? 옆방까지 들리면 창피하잖아."

그러자 신부가 대뜸 이렇게 내뱉었다.

"어머, 어쩜! 자기도 사장님과 똑 같은 말을 하네."

직종별 성적 올리기

채소가게 주인 ➜ 쑥쑥 올린다.

한의사 ➜ 한방이 올린다.

성형외과 의사 ➜ 몰라보게 올린다.

총알택시 기사 ➜ 항상 따블로 올린다.

점쟁이 ➜ 점점 올린다.

구두미화원 ➜ 반짝하고 올린다.

자동차외판원 ➜ 차차 올린다.

목욕탕 주인 ➜ 때(떼)를 기다린다.

합기도도장 관장 ➜ 기차게 올린다.

백화점 사장 ➜ 파격적으로 올린다.

"당신말대로 술담배 다 끊었는데
이것마저 끊으라는 거야?"

여선생과 벽시계

어느 초등학교에서 젊고 예쁜 처녀 선생님이 수업을 진행하고 있었다.

모든 사물에 대해서는 주의 깊은 관찰력이 필요하다며, 아이들에게 그 교실에 걸린 벽시계를 가리키며 물었다.

"저 벽시계에도 있고 선생님에게도 있는 것이 뭐가 있을까요?"

한 아이가 대답했다.

"두 손이요."

다른 아이도 대답했다.

"얼굴이요."

"아주 잘 보았어요. 그럼 다시 자세히 보고 벽시계에는 있는데 선생님에게는 없는 것은 뭐죠?"

한참 침묵이 흐른 뒤 한 꼬마가 나지막하게 대답했다.

"불알이요!"

부자의 진실

어떤 이가 돈 많은 부자를 찾아와서 조언을 구했다.

"어떻게 하면 부자가 될 수 있는지요? 그 비결을 가르쳐 주세요."

그러자 부자는 딱 한마디로 잘라 말했다.

"그건 아주 간단합니다. 오줌 눌 때 한 쪽 다리를 들면 됩니다."

"아니, 그게 무슨 말씀입니까? 그건 개들이나 하는 짓이 아닙니까?"

그러자 부자가 한마디로 잘라 말했다.

"바로 그겁니다. 누구든 사람다운 짓만 해 가지고는 큰 돈을 벌 수 없다는 것이지요. 옛말에 개같이 벌어서 정승처럼 쓰라는 말도 있지 않습니까?"

깜찍한 소녀

수박농장에 어린 소녀가 와서 수박 큰 것 하나를 가리키며 얼마냐고 물었다.

농장 주인이 5달러라고 했다.

"난 1달러밖에 없는데요."

어린 소녀의 말에 농장 주인은 어이가 없었지만, 그 아이가 돈이 그것밖에 없어서 그러려니 하고 밭에 있는 아주 작은 수박을 가리키며

"저 걸로 하면 1달러에 주지."라고 했다.

그러자 그 소녀는,

"좋아요. 그걸 사겠어요. 하지만 저 수박을 덩굴에 붙은 채 그대로 놓아두세요. 한 달 뒤에 다시 올게요."라며 빙긋이 웃는 것이었다.

"에???"

낯 뜨거운 여름날

볕이 몹시 뜨거운 여름날이었다.

피서 겸 시골집에 내려온 한 청년이 마루에 앉아 책을 읽고 있는데, 낮은 담장 너머의 가까운 호박밭에서 한 아가씨가 다소곳이 앉아서 일을 하고 있는 것이 보였다.

호박밭에 앉은 그녀의 모습은 마치 천사가 하늘에서 내려온 것 같이 정말 아름다워 보였다.

'그래! 바로 저 여자야. 발그레한 얼굴에 땀이 송골송골 맺힌 저 이쁜 얼굴…….. 내가 일생을 같이 하고픈 이상적인 여자를 여기서 만난 거야!'

청년은 잠시 망설이다가 용기를 내었다. 살그머니 그녀에게로 다가가 수줍은 목소리로 말했다.

"저…….. 당신이 열심히 일하는 모습은 참으로 아름다워 보입니다. 우리 한 번 사귀어보면 어떨까요?"

그러자 호박잎을 따고 있던 그녀가 화들짝 놀란 표정이 되었다. 매우 당황스러웠는지 고개를 숙인 채 아무 말도 못하고 있는 그녀. 그 모습은

청년의 마음을 더욱 설레게 했다.

잠시 정적이 흐른 뒤, 땅만 쳐다보던 그녀가 기어들어 가는 목소리로 속삭였다.

"…… 저, 지금 똥 누는 중이거든요. 나중에 말씀하시면 안 될까요?"

언더 더 씨

인어공주가 화장실에서 일을 보고 있는데, 한 사내가 노크도 없이 문을 벌컥 열어 젖혔다.

그 사내를 노려본 인어공주,

"안 닫아 씨(Under the sea)~!!"

황당 문답(1)

1. 기린의 목이 길다. 왜?

 - 머리가 몸에서 멀리 떨어져 있기 때문

2. 처녀가 알몸을 들키면 손으로 유방만을 가리는 이유는?

 - 손이 하나 더 있었으면…….

3, 여자가 치마를 입는 까닭은?

 - 앉아서 오줌 누기 편하게 하기 위해서

4. 꼽추는 밤에 잘 때 어떻게 잘까?

 - 눈을 감고 잔다.

5. 부럽게도(?) 외식을 제일 많이 하는 사람은?

 - 알고 보니 거지

6. 신혼부부가 가장 좋아하는 곤충은?

 - 잠자리

7. 참새 부모가 죽을 때 마지막으로 남긴 유언은?

 - 절대로 전깃줄에 앉지 마라!

침대가 아니야!

처녀를 성폭행하여 임신을 하게 한 남자를 앞에 두고 판사가 몹시 흥분하여 추상같이 꾸짖었다.

"당신 같은 인간이야말로 우리 삶의 신성한 터전인 침대를 더럽히는 인간입니다. 그 죄상을 도저히 용서할 수 없습니다!"

판사의 이 같은 말에 남자가 항변했다.

"전 결코 침대를 더럽히지 않았습니다."

"아니, 뭐요? 피고인은 아직도 제 잘못을 뉘우치지 않고 있습니까?"

이때 남자가 분연히 말했다.

"판사님은 사건의 내막을 자세히 읽어보지도 않고 이 재판을 진행하시는 모양인데요, 당시 이 사건은 '야산'에서 벌어진 일입니다……."

전철 간에서

세 살 된 갓난애를 데리고 지하철을 탄 엄마.

"엄마, 쉬 마려워~"

"그래 알았다. 잠간 참아. 엄마가 우유병을 줄 테니까 거기다가 쉬~ 해."

그런데 오줌을 참지 못한 갓난애가 우유병을 마악 꺼내 놓는 엄마의 손에다가 쉬를 해버렸다. 화가 난 엄마……. 애를 두드려 패면서 이렇게 넋두리를 한다.

"어쩌면 아들이라고 하나 있는 게 지 아빠랑 똑 같아요! 맨 날 이렇게 대주기도 전에 싸고 지랄이야…….. 아이고, 내가 못살아!"

아기 엄마는 뭔가 한이 맺힌 듯 애를 두들겨 패고 있는데, 전철 간 여기저기서 모두가 킥킥대고 있었다.

남탕에서

옆집에 천사 같은 연이가 이사를 왔다.
준호는 그만 첫눈에 반하고 말았다.
어느 날 목욕탕에서 연이를 만났다.
너무 놀란 준호는 자기 꼬추를 얼른
손으로 가리고 연이에게 말했다.
"넌 여자 앤데, 왜 남탕에 오냐?"
그때 연이가 준호의 엉덩이를 짝~! 하고
때리면서 대답했다.

⋮

"얌마! 여탕에서 미끄러지면 잡을 게 없잖냐……!!!"

연령별 성관계

20대 : 이판사판으로 올라타고

30대 : 삼삼하게 일을 치른다.

40대 : 사생결단으로 대사를 치르며

50대 : 오기로 한 번 해보고

60대 : 육갑을 다 떨면서 하며

70대 : 칠만 하고 이~다음에!

80대 : 말로만 일을 끝내고

90대 : 구멍만 보며 한탄한다.

신판 나무꾼과 선녀

선녀가 목욕을 하기 위해 용천탕에 내려와 보니 이미 거기에는 건장한 나무꾼이 목욕을 하고 있었다. 선녀는 괘씸하기도 하거니와 장난을 치고 싶어 나무꾼의 옷을 감추었다. 목욕을 마친 나무꾼이 옷을 입으려는데 옷이 없어져 매우 당황했다. 이때 선녀가 그의 앞에 나타났다. 나무꾼은 황급히 물을 끼얹던 바가지를 양 손으로 잡고 급한 데를 가렸다. 순간 선녀는 나무꾼에게 지시를 내렸다

"내가 시키는 대로 하면 옷을 주겠다."

"오른손 내린다, 실시!" 나무꾼이 오른손을 놓자,

"그럼 왼손도 내린다, 실시!" 나무꾼이 왼손을 놓았다.

그런데도 바가지는 그대로 허공에 걸려 있었다.

이때 선녀가 버럭 소리를 질렀다.

"힘 빼, 짜샤!!"

무서운 아내들

〈1〉

바닷가 리조트에 온 꼬마가 엄마에게 물었다.

꼬마 : 엄마, 바다에서 수영해도 돼요?

엄마 : 물이 깊어서 안 돼.

꼬마 : 아빠는 저기서 수영하고 있잖아요?

엄마 : 아빠는 보험을 들었잖니!

〈2〉

검사가 남편을 독살한 아내를 심문했다.

검사 : 남편이 독이 든 커피를 마실 때 양심의 가책을 못 느꼈나요?

아내 : 조금 불쌍하다고 생각한 적도 있어요.

검사 : 그때가 언제죠?

아내 : 커피가 맛있다고 한 잔 더 달라고 할 때요.

웃기는 집안

교통순경이 신호를 위반한 차량을 세우고 조사를 했다.

순경 : 신호 위반입니다. 면허증 좀 보여 주세요.

운전사 : (창을 열며) 좀 봐 주세요. 낮에 술을 마셨더니……

순경 : 아니! 그럼 음주운전을……?

옆에 탄 아내 : 한 번만 봐 주세요. 이이가 아직 면허증이 없어서 그래요.

순경 : 아니, 무면허 운전까지……!

뒤에 앉은 할머니 : 거 봐라, 훔친 차는 얼마 못 간댔지?

순경 : 허걱!!!

결혼 전에 준비해야 할 것들

1. 선글라스 준비하기

   (볼 것, 못 볼 것들이 많아 환상이 깨짐)

2. 스트레칭 열심히 하기

   (그래야 무리 없는 자세가 나온다)

3. 눈높이 조절하기

   (남편이나 마누라보다는 다 잘 생기고 이뻐 보임)

4. 충분한 수면 취하기

   (이유 없이 밤이 짧아진다)

5. 골프 제대로 배우기

   (얄팍한 퍼팅보다 홀인원이 필요하다)

6. 바이킹이나 번지점프로 담력 키우기

   (밤이 무섭지 않게 된다)

7. 우황청심환 준비하기

   (자주 놀라서 뻑 가는 일이 생긴다)

8. 가정상비약에 쥐약 추가하기

   (처음에는 팔뚝에 쥐가 자주 난다)

진짜 운 없는 사내

한 사내가 바텐더에서 술을 한 잔 앞에 놓고 오랫동안 깊은 시름에 잠겨 있었다.

이때 옆에서 그 사내의 모습을 쭉 지켜보고 있던 사내가 장난삼아 그 사내의 앞에 놓인 술잔을 들어 캬~ 하고 단숨에 마셔버렸다.

그러자 그 사내가 매우 놀라며 크게 소리 내어 우는 것이 아닌가.

옆자리 사내는 너무 미안해서,

"당신이 하도 괴로운 표정으로 앉아 있길래 기분 전환을 시켜드리려고 장난삼아 마셨으니너그러이 용서해 주십시오. 대신 제가 술 한 병을 사겠습니다."라고 말했다.

그러자 그 사내는 더욱 슬피 울며 이렇게 말했다.

"…… 난 오늘 너무 어이없는 일들을 많이 겪었소. 회사에 출근하자마자 구조 조정으로 잘리고, 택시를 타고 내릴 때 지갑을 빠트리질 않나, 집에 가보니 아내가 다른 남자랑 놀아나고 있질 않나, 이래저래 화가 치밀어 살고픈 생각이 없어졌어요. 그래서…….. 이 술집에 와서 술에다 약을 타서 죽으려 했는데 **그것마저 당신이 홀라당 마셔버렸네요**……."

미안합니다. 만원상태입니다.

짐승과 짐승

엄청 글래머인 C양이 값 비싼 모피코트를 입고 거리를 지나가고 있었다.

마침 거리에서 '야생동물을 보호합시다!' 라는 피켓을 들고 구호를 외치던 동물애호가가 C양이 입은 모피코트를 보더니 그녀에게 다가와 따지듯 물었다.

"아가씨, 이 코트를 만드느라 얼마나 많은 짐승들이 죽었는지 아시나요?"

그러자 C양이 눈을 치켜뜨며 말을 받아쳤다.

"아저씨!!! 이 코트를 사기 위해 제가 얼마나 많은 밤을 짐승들과 같이 지내야 했는지 아세요?"

커닝의 6도(道)

〈1도〉- 지(智)

감독자의 특성과 공부 잘 하는 학생의 위치를 아는 것

〈2도〉- 용(勇)

감독자가 바로 옆에 있어도 과감하게 실행하는 용기

〈3도〉- 신(信)

커닝한 답이 이상해도 의심치 않는 것

〈4도〉- 인(仁)

남이 들킨 것을 안타까워하는 마음

〈5도〉- 의(義)

들켜도 출처를 밝히지 않는 것

〈6도〉- 예(禮)

보여준 사람보다는 반드시 성적이 약간 낮게 베끼는 것

바로 그 자세

한 여자가 산부인과에 왔다가 임신 3개월이라는 의사의 말에 환성을 질렀다.

여자 : 제가 드디어 엄마가 되는군요!

의사 : 진심으로 축하합니다, 부인.

그 후 해산일이 가까워져 여자가 다시 병원을 찾아왔다.

여자 : 그런데 선생님, 출산할 때는 어떤 자세를 취해야 하나요?

의사 : 간단하지요. 부인이 남편분과 사랑을 나누던 바로 그 자세를 취하면 됩니다.

그러자 여자가 깜짝 놀라며 말했다.

"그러면 좁은 텐트에서 잔뜩 구부리고 남들이 들을까봐 이를 악물고 하던 그 자세를 또 취하란 말인가요?"

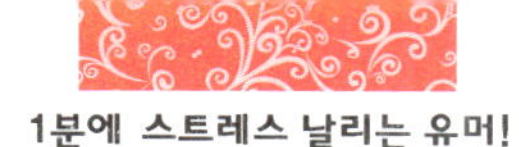

저도 알거든요~

한 사내가 쭈뼛쭈뼛 병원의 접수처를 기웃거리더니 간호사에게 다가왔다.

〈간호사〉 지금 선생님이 외진 나가셨으니 나중에 오세요.
〈사내〉 저…….. 급한 검사를 받아야 하는데요?
〈간호사〉 선생님이 안 계시는데 어떻게 검사를 해요?
〈사내〉 너무 급해서……..
〈간호사〉 그럼 메모를 남겨두고 가세요.
〈사내〉 그런데 그것이……. 좀 쑥스러워서요. 저어, 그게 너무 커서 문제입니다…….

그리고는 사내가 병원을 나가려고 하자, 간호사가 황급히 그를 가로막았다.

"어디 가실려구요? 저도 검사 정도는 할 줄 알거든요~"

그녀의 방귀

데이트 중이었다.

속이 거북해진 그녀는 방귀를 뀌고 싶어 참을 수가 없었다.

어떻게 하면 그의 앞에서 자연스럽게 방귀를 뀔 수 있을까 하고 궁리하던 중 좋은 생각이 났다. 바로 그에게 큰 소리로 "사랑해~"라고 외치면서 실행하기로 한 것!

여자 : 자기, 싸랑해~

남자 : 뭐라구…….? 방구

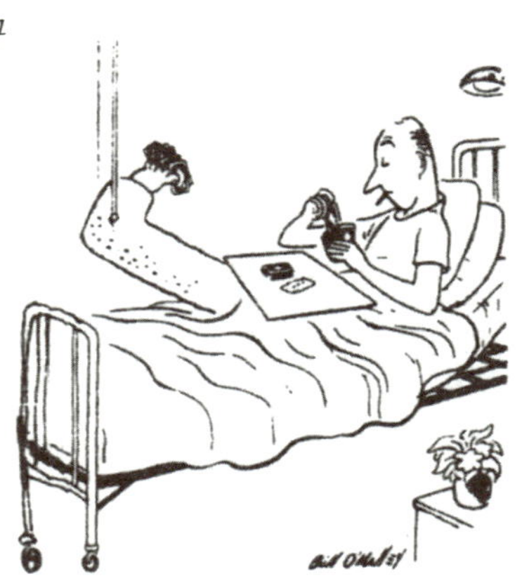

아주 심심한 환자
"지는 쪽을 담뱃불로 지지기다."

고독한 작업

어떤 시인이 문장 하나를 가지고 밤새도록 끙끙대며 고민하자, 그의 아내가 위로삼아 말했다.

"작품을 쓰는 게 산고와 같다더니, 당신 애쓰는 걸 보니 꼭 내가 애 낳을 때와 같다는 생각이 드네요."

그러자 시인이 말했다.

"그런 말 하지 마. 그래도 애 낳기 전에는 재미라도 보잖아!!"

당찬 자존심

여대생에게 구두시험을 보면서 교수가,
"최초의 남자는 누구지?" 라고 물었다.
물론 '아담 '이라는 답을 요구한 것이었지만
여대생은 분노에 치민 얼굴로 홍당무가 되더니
다음과 같이 잘라 말했다.

⋮

"선생님, 자존심에 속하는 문제는 대답할 수 없습니다!!

탓

아내가 아이를 낳으려고 무진 고생하고 있었다. 남편이 그녀의 주위에서 안절부절못하더니 한 마디 했다. “불쌍하게도……. 힘들지? 모두가 내 탓이야!” 그러자 아내는 진통 속에서도 떠듬떠듬 대답했다. “괜찮아요. 사실은 당신 때문이 아니니까요.”

이분법적 야그

[기대] 남편에게 음탕한 눈빛으로 빨아달라고 했다

→ 남편이 빨래를 했다 [실망]

[원인] 아내에게 섹스테크닉을 모두 전수했다

→ 옆집 새끼가 좋아 죽는다 [결과]

[이론] 여자는 힘 좋은 남자를 좋아한다

→ 이사할 때만 꼭 나를 찾는다 [실제]

[당황] 조기 퇴근하여 집에 오니 아내가 다른 놈이랑 이불 속에 함께 있었다

→ 이불을 걷어차 내니 상대가 여자였다 [황당]

[배려] 아내에게 수영을 배우라고 수영장 이용권을 끊어주었다

→ 수영강사랑 눈이 맞아 집을 나갔다 [배신]

'똘똘이'는 못 말려!!

한 청년이 군대에 가지 않기 위해, 신체검사 불합격 판정을 받기로 마음먹고 시력을 속이기로 했다.

여군 시력 검사관이 시력 측정표 상단의 가장 큰 글자를 가리키며 보이느냐고 물어봐도 청년은 무조건 안 보인다고 오리발을 내밀었다.

이때, 화가 난 여군 검사관이 웃옷을 벗어젖히고 자신의 가슴이 보이느냐고 물었다.

그래도 청년이 막무가내로 안 보인다고 하자, 여군 검사관이 대뜸 청년의 앞으로 다가오더니 남자의 거시기를 꽉 움켜잡았다. 그리곤 하는 말이,

"안 보여? 그런데 이 건 왜 서, 짜샤!!!!"

숏 개그(3)

*새 가정부

새로 온 가정부 앞에서 엄마와 자니의 대화.

"얘, 자니야. 새로 온 가정부 아줌마에게 키스하렴."

"나 안 할 거야!"

"아니, 어째서?"

"아빠가 어제 아줌마한테 키스하고는 댑다 따귀를 얻어 맞더란 말야!"

*체중

노처녀가 체중이 100Kg이나 나가게 되자 걱정이 되어 의사를 찾아갔다.

"제일 적게 나갔을 때의 체중이 얼마였죠?"

그녀가 자신 있게 대답했다.

"3Kg요."

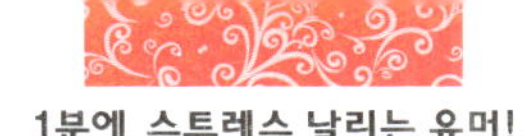

옹자 몸 판 김 선달 이야기

옹녀의 사촌동생인 옹자가 있었다.

옹자는 보기 드문 미인에다가 부자였으며, 집안의 내력인지 옹녀 못지않게 밤일도 기차게 잘했다.

그러나 단 한 가지의 불만은 사내들로부터 한 번 이상 만족을 얻을 수 없었다는 것이었다.

'좀 더 강한 변강쇠 같은 사내가 필요해!' 라면서 그녀는 광고를 내었다.

누구든지 하룻밤에 두 번 이상 만족시켜 주면 자신의 재산 절반을 주겠다는 방을 붙인 것이다.

그날 이후, 옹자는 광고를 보고 몰려온 사내들과 매일 밤일을 치렀으나 다들 신통치 않았다.

그때 홀연히 김 선달이 나타났다.

김 선달은 옹자를 만나자 다짜고짜 흥정을 했다.

그 내용은 '하룻밤에 일곱 번 이상 그녀를 만족시켜 주는 대신 밤일을 치르는 동안 절대로 불을 켜지 않는다' 는 조건을 단 것이다. 하룻밤에 두서너 번이 아니라 일곱 번 이상을 까무러치게 해주겠다는데 조건을 따져 볼 겨를이

있겠는가! 옹자는 얼른 그렇게 하겠다는 약속을 하고는 내처 불을 끔과 동시에 일을 시작했다.

한 차례 일이 끝나자, 김 선달은 화장실에 다녀오겠다며 옷을 추스르고 나갔다.

그리고는 잠시 후, 김 선달이 돌아와서 다시 한 번 옹자와 일을 치르고 난 뒤 또 슬그머니 일어나 화장실에 갔다.

그러기를 무려 여섯 차례, 무슨 심판인지 그 때마다 선달은 힘이 새로 솟는 듯하여 옹자는 무척 만족스러웠다.

하지만 일을 치르고 난 후마다 화장실에 다녀오는 선달의 행동이 미심쩍었다. 선달이 일곱 번째 다시 들어왔을 때 갑자기 불을 켜 보았다.

아니! 선달은 어디 가고 웬 소도둑놈 같이 생긴 놈이 자기의 앞에 떡 버티며 침을 흘리고 서 있는 게 아닌가.

"아~니, 당신은 누구요? 김 선달 그 사람은 어디 갔소?"

"지는 최가여라우~ **선달께서는 지금 문 밖에서 표를 팔고 있는디유~"**

옹자는 눈이 뒤집어졌다.

"개쉑이!!"

닭살 돋는 남자의 작업 멘트

남 : 길 좀 알려 주시겠어요?

여 : 어디 가시는데요?

남 : 당신 마음속으로 가는 길이요.

남 : 응급처치 할 줄 아세요?

여 : 왜요?

남 : 당신이 제 심장을 멎게 하거든요.

남 : 동전 좀 빌려 주실래요?

여 : 뭐하게요?

남 : 어머니께 전화해서 내가 꿈에 그리던 여인을 만났노라고 말하려구요!

남 : 당신이 내 눈의 눈물이라면 절대로 울지 않을 겁니다.

여 : ???

남 : 당신을 잃을까 두려우니까요.

남 : 입술이 원래 빨개요?

여 : 그래요, 왜요?

남 : 뽀뽀하고 싶어요!

남 : 당신이 지금 입고 있는 셔츠의 상표를 좀 봐도 되냐고 묻고 싶어요.

여 : 어머~ 왜요?

남 : '천사표'가 맞는지 확인해 보려구요!

남 : 당신 참 피곤하시겠어요.

여 : 왜요?

남 : 하루 종일 제 머리에서 돌아다니니까요.

아내는 나더러 '쇠'가 되라네

자기의 명령에는 무조건 복종하는 충성심 강한

– 돌쇠

일하고 돈 벌 때는 개미처럼 부지런한

– 마당쇠

모진 풍파에도 끄떡없이 가정을 지키는 강인한

– 무쇠

아내의 단점이나 잘못은 절대로 말하지 않는 철통같은

– 자물쇠

아내의 마음이 닫혀 있을 때는 언제나 활짝 열어주는

– 만능열쇠

아내가 아무리 화를 내고 짜증을 부려도 그저 둥글둥글

– 굴렁쇠

아내와 대화 할 때는 부드럽고 감미로운 수액처럼

– 고로쇠

무식한 졸부

어떤 졸부가 부부 동반하여 연주회에 참석하게 되었다. 그런데 늦게 도착하여 연주회가 이미 진행되고 있었다.

아내가 남편에게 물었다.

"지금 틀고 있는 곡이 뭐에요?"

남편도 몰라서 옆 사람에게 물었다.

"베토벤 교향곡 5번입니다."

남편이 아내를 바라보며 투덜거렸다.

"우~씨, 벌써 4번까지는 다 지나갔다."

이때 아내가 남편을 째려보며 말했다.

"그러게, 내가 빨리 서두르자 했잖아요!"

썰렁 개그

옛날에 한 선비가 마을을 지나가다가 어느 여인이 정화수를 떠놓고 치성을 드리는 것을 보고 거기로 다가가 청을 했다.

(선비) "이보시오. 목이 말라 그러니 그 물을 마시게 해주면 안 되겠소?"

(여인) "이것은 물이 아닙니다."

(선비) "물이 아니면 뭐요?"

(여인) "죽이옵니다."

(선비) "아니, 죽을 떠놓고 지금 뭐하는 거요?"

그러자 여인이 하는 말,

"옛말에 '죽은 사람 소원도 들어 준다' 고 하지 않았습니까?"

개만도 못한 놈!!

옛날, 한 나그네가 날이 저물자 잠 잘 곳을 찾다가 어떤 외딴집을 발견하고 그 집 사립문을 밀고 들어섰다.

"주인장, 날은 저물고 갈 길은 머니 하룻밤만 좀 재워 주시오."

그러자 방문이 열리며 안주인이 말하기를, "이 곳은 지척에 인가도 없고 나 혼자 사는 집이라, 외간 남자를 재워 드릴 수가 없소."라고 했다.

나그네는 "가까운 곳에 인가도 없다고 했는데, 여기서 못 재워준다면 난 어떡하나요. 부디 부탁이오니 하룻밤 묵고 가게 해 주십시오."라며 연신 청을 했다.

그러자 안주인이 "건넌방에 하룻밤만 묵게 해 드릴 테니까 주무시고 혹여 혼자 사는 수절과부라고 밤에 자다가 건너와 수작을 부리면 개 같은 놈이지요!"라는 주의를 주

었다.

나그네는 고맙다는 인사를 하고 건넌방에서 하루를 묵는데, 잠이 오지 않아 밤새 엎치락뒤치락만 하였다. 나그네는 슬그머니 건너가 여자를 덮쳐볼까도 생각했으나, 안주인이 "개 같은 놈이지요!"라고 한 말이 자꾸 떠올라 끝내 건너가지 못하고 날이 새 버렸다.

아침에 나그네는 안주인에게 "신세 잘 지고 갑니다."라는 인사를 했다.

그리고 돌아서서 사립문을 막 나서려는데, 안주인이 나그네의 뒤통수에 대고 앙칼진 한 마디를 던졌다.

"개만도 못한 놈!!"

횟수로 방 값을?

고급 호텔에서 첫날밤을 화끈하게 보낸 신랑이 프론트에서 체크아웃을 하며 물었다.

"사용료가 얼마입니까?"

"더블베드 객실 사용료는 1회에 9만원입니다."

신랑은 그만 입이 딱 벌어져 한동안 멍하니 서 있더니 그제야 제정신이 든 듯 지갑을 열며 투덜거렸다.

"쓰바~ 무지막지 비싼 방이로군!"

그리고는 카운터 위에 90만원을 올려놓았다.

처녀 증명

어느 시골에 지능이 좀 모자란 총각과 처녀가 결혼식을 올리고 신혼여행을 갔다.

첫날밤의 대사를 치른 후, 신랑이 어디서 주워들은 소린지 신부 보고 하는 말, "자기는 처녀가 아닌 것 같구만!" 하면서 대화를 시작했다.

신부 : 처녀 맞다고 하던디?

신랑 : 누가?

신부 : 우리 동네 이장님이!

신랑 : 이장님이 뭐라고 했는디?

신부 : 우~햐, 너 진짜 처녀네, 그러던디!

신랑 : 오우에~ 그래? 이장님이 맞다고 하면 맞는거시여!!

남녀 차이

✠ 남자는 큰 것을 / 여자는 작은 것을 긍지로 여긴다.

✠ 남자는 오래 가는 것을 / 여자는 빨리 오기를 원한다.

✠ 남자는 오래 가려고 / 여자는 무드를 위해서 음악을 듣는다.

✠ 남자는 한 번에 죽여주려고 하지만 / 여자는 여러 번 죽여주기를 원한다.

✠ 남자는 빡빡해지려고 / 여자는 촉촉해지려고 단련한다.

바나나 시리즈

*놔 주세요!

어떤 아줌마가 사과를 한 봉지 가득 사오면서 덤으로 바나나 두 개를 얻었다.

전철을 타고 집에 가는데 사람이 미어 터졌다.

사람들이 밀치고 밀리다가 결국 바나나 하나가 뭉개지고 말았다.

아줌마는 나머지 하나는 꼭 지키겠다면서 그것을 단단히 붙잡았다.

그런데 어느 역에 전철이 서자 뒤에 섰던 한 청년이 다급한 목소리로 말했다.

"아~아줌마!! 저 두 정거장이나 지났거든요? 내리게 좀 놔 주세요!"

*먹을 거예요!

독신녀 아파트에 사는 순이가 과일가게에 갔다.

바나나를 한참 바라보고 있다가 가만히 바나나 두 개를 집어 들었다.

하나씩만 사 가던 순이가 두 개나 집기에 가게 주인이 의아해 하며 물었다.

"아니, 오늘은 왜 두 개나 사가?"

순이가 화들짝 놀라며 하는 말,

"어머, 아녜요! 하나는 먹을 거예요!!!"

"너희 아버지가 오고 있어!
빨리 그걸 빼서 코에다 도로 껴!"

뜻풀이 유머

1. 유부남의 뜻은?
2. 깡패의 뜻은?
3. 마누라의 뜻은?
4. 미혼녀의 뜻은?
5. 보살의 뜻은?
6. 아편전쟁의 뜻은?
7. 남자들이 축구, 농구, 골프 같은 운동을 좋아하는 뜻(이유)은?

1. 유사시에 부부가 될 수 있는 남자
2. 깡다구 부리다가 패가망신한 놈
3. 마주보고 누워라
4. 미쳐서 혼인하지 못한 여자
5. 보신탕 먹고 살찐 중
6. 아내와 남편 사이에 벌이는 싸움
7. 본능적으로 넣는 걸 좋아하기 때문

말 되는 유머(1)

〈나라 이름〉

✠ 바느질을 제일 잘 하는 나라 가봉
✠ 국민들이 가장 거만한 나라 오만
✠ 국민들이 가장 꾀가 많은 나라 수단
✠ 가장 큰 코쟁이들이 사는 나라 멕시코
✠ 굶는 사람이 가장 많은 나라 헝가리
✠ 가장 권투를 잘 하는 나라 칠레
✠ 애주가가 가장 많은 나라 호주
✠ 처녀들이 가장 많이 사는 나라 뉴질랜드

〈연예인 이름〉

✠ 제일 잠이 많은 연예인 이미자
✠ 사생활이 제일 깨끗한 가수 노사연
✠ 어부들이 제일 싫어하는 가수 배철수
✠ '너는 시골에 산다' 의 세 글자 유인촌
✠ 눈과 구름을 자르는 칼 설운도
✠ 청바지가 제일 많은 스타 소유진
✠ 제일 뒤에 서는 수비수는 최종수

아담과 이브의 사랑

에덴동산을 거닐고 있던 아담과 이브가 잠시 나무 그늘에서 휴식을 취하고 있었다. 아담의 어깨에 고개를 기대고 있던 이브가 문득 아담에게 물었다.

이브 : "자기, 날 사랑해?"
아담 : "그럼, 사랑하지."
이브 : "정말 나 하나만 사랑하는 거지?"
아담 : "야! 그럼 여기 너밖에 더 있냐?"

뛰는 놈 위에 나는 놈

놀부와 스님

놀부가 대청마루에서 낮잠을 자고 있었다.

이때 한 스님이 찾아와서 말했다.

"시주받으러 왔소이다. 시주를 조금 해 주세요."

놀부는 코웃음을 치며 빨리 자기 눈앞에서 사라지라고 말했다.

그러자 스님이 놀부 앞에서 눈을 감고 불경을 외었다.

"가나바라……. 가나바라……. 가나바라……."

이때 놀부가 그 소리를 듣고는 잠시 눈을 감고 무엇을 생각하더니, 이렇게 말하기 시작했다.

"주나바라……. 주나바라……. 주나바라……."

섹스와 콧구멍

학과 과제로 섹스에 관한 대학생들의 의식 조사에 나선 A군.

마침 거리에서 예쁘고 섹시한 한 여대생을 만나 취지를 말하고 설문에 대한 대답을 부탁했다.

"섹스를 할 때 콘돔을 끼면 쾌감이 덜하다고 생각하십니까?"

여대생이 대답했다.

"당연하죠. 장갑을 끼고 콧구멍을 후비면 잘 파지겠어요?"

A군은 질문을 계속했다.

"생리 할 때 섹스를 하면 기분이 어떠십니까?"

"세상에! 코피 날 때 콧구멍 후비면 기분이 좋겠어요?"

"그럼, 섹스를 할 때 남성과 여성 중 어느 쪽이 더 깊은 쾌감을 느낀다고 생각하십니까?"

"당연히 여성이죠. 콧구멍을 후비면 손가락이 시원하겠어요? 콧구멍이 시원하지!!"

신용카드

첫사랑과 결별하여 상심하고 있는 아들을 아버지가 위로했다.

아버지 : 얘야, 시간을 믿어라. 시간이 흘러 한 달, 두 달 세월이 가면 그 여자는 자연히 잊게 될 거다.

아들 : 하지만 그렇게 되기가 어려워요…….

아버지 : 아니, 왜?

아들 : 내가 그 애에게 사 준 선물은 모두 카드 할부로 긁었거든요…….

헬렌 몸매를 그렇게 날씬하게 유지하는 비결이 뭔지 말해줘!

공주병 5가지 스타일

1. 이순신 스타일

(나의 미모를 적에게 알리지 마라)

2. 안중근 스타일

(하루라도 예쁜 척 않으면 온몸에 닭살이 돋는다)

3. 맥아더 스타일

(왕공주는 죽지 않는다. 다만 사라질 뿐이다)

4. 나폴레옹 스타일

(내 사전에 추녀는 없다)

5. 갈릴레이 스타일

(그래도 나는 예쁘다)

백수가 왕창 열 받을 때

1. 나보다 먼저 신 프로 비디오를 빌려간 사람이 있을 때

2. 직장에 다니는 친구가 "할일이 많아서 미치겠다."고 할 때

3. 날이 갈수록 얼굴 혈색이 좋아진다는 소리를 들을 때

4. 오늘의 운세에 재물 운이 좋다고 해서 비상금을 털었는데, 우잉? 어제 신문일 때

5. 공짜 술자리에서 한 잔만 먹고도 취해버리는 희한하고 억울한 일이 벌어졌을 때

노처녀의 파트너

혼기가 지난 딸을 둔 부모.

부모 눈에는 어여삐 보고 싶지만, 냉철하게 봐서 너무나 딸이 못생겼다. 그래서 혹시나 배필을 만나지 못할까 하고 걱정을 했는데, 다행히 남자 친구를 자주 집으로 데리고 와 흐뭇했다.

그런데 아빠가 궁금한 게 하나 있어 딸에게 물었다.

"얘야, 그런데 왜 저 사람은 올 때마다 취해 있니? 술을 너무 많이 마시는 거 아니니?"

그러자 딸이 대답했다.

"에이~ 아빠는, 술 안 취하면 나 좋아하는 남자가 있겠어요?"

노인과 치매

전에 진료를 한 적이 있는 노인 한 분에게 의사가 안부차 전화를 걸었다.

"영감님, 안녕하십니까?"

"예, 선생님도 안녕하시지요? 그런데 요즘 이상한 일이 있습니다. 자다 일어나서 소변을 보려고 화장실 문을 열면 불이 저절로 켜진답니다."

의사는 노인이 치매에 걸린 게 아닌가 걱정이 되어 노인의 아들에게 전화를 했다. 마침 노인의 며느리가 전화를 받았다.

"시아버님이 약간 걱정이 됩니다. 밤중에 일어나 소변을 보려고 화장실 문을 열면 웬일인지 불이 저절로 켜진다고 하는군요?"

의사의 말이 떨어지자마자, 전화기 저 편에서 며느리가 남편에게 다급한 목소리로 외치는 소리가 들려왔다.

"여보! 여보~ 아버님이 냉장고에 또 소변을 보신대요!"

재치 문답 시리즈(1)

✠ 흔들 때 쾌감, 쌀 때 허무함은?

– 고스톱

✠ 붉은 길에 떨어진 동전은?

– 홍길동전

✠ 구멍이 커야 이기는 경기는?

– 엿치기

✠ 물고기의 반대말은?

– 불고기

✠ 노처녀와 노총각이 결혼 못하는 이유는?

– 동성동본

✠ 씨암탉의 천적은?

– 사위

✠ 만두장수가 듣기 싫은 소리는?

속터진다

✠ 두 아버지랑 어머니가 합치면?

– 두부한모

✤ '화장실이 어디죠?'의 중국어

– 워따똥싸

✤ 사각형의 동생은?

– 사각

✤ 국사책이 타면?

– 불국사

✤ 곰돌이 푸가 여러 마리 있으면?

– 푸들

✤ 사과를 파먹으면?

– 파인애플

✤ 수학책을 익히면?

– 수학익힘책

✤ 사방이 꽉 막힌 아가씨는?

– 엘리베이터 걸

✤ '쇠가죽을 입고 사는 황금벌레'를 여섯 자로 하면?

– 우피 골드버그

✤ 술 취한 남편이 현관에서 마누라를 부르는 이유는?

– 안방을 찾아가려고

✤ 가수 비가 부르는 노래는?

– 나비야

✠ 비의 경호원 이름을 네 글자로

– 비만관리

✠ 비를 누른 가수는?

– 클릭비

✠ 가장 뜨거운 복숭아는?

– 천도복숭아

✠ 네그루의 나무를 영어로 한다면?

– 포트리스

✠ 칠판이 웃으면?

– 킥보드

✠ '딩동댕'의 반대말은?

– 땡

✠ 가장 무서운 상사는?

– 불상사

✠ 이 시대의 최고의 팔불출은?

– 지 마누라 보고 흥분하는 놈

아주 기찬 돈벌이

딸 : 엄마, 나 오늘 1,000원 벌었다!

엄마 : 아니, 어떻게?

딸 : 응, 준호가 나무에 올라가면 1,000원을 준다고 해서 그랬거든.

엄마 : 아이고~ 그건 준호가 네 팬티를 보려고 그런 거야. 앞으론 그런 짓 하지마라!

다음 날.

딸 : 엄마, 엄마, 나 오늘은 2,000원이나 벌었어!

엄마 : 바보야, 그런 짓 하지 말라고 했지? 몇 번이나 말해야 알아듣니?

딸 : **그래서 오늘은 팬티를 벗고 올라갔으니까 괜찮아, 엄마!**

가장 억울한 사내는?

세 사내가 죽어서 성 베드로 앞에 섰다.

먼저 톰이 심문에 응했다.

"너는 어찌하여 죽어서 여기에 왔느냐?"

"밤에 집에 돌아와 보니 아내가 알몸으로 누워 있었어요. 재떨이에는 반쯤 피우다 만 시가(엽궐련)가 있었고, 의자 위에는 남자의 모자가 놓여 있었습니다. 그래서 간부(姦夫)를 잡으려고 온 집안을 뒤졌지만 찾지를 못했어요. 하는 수 없이 방안 공기나 갈자고 창문을 열었는데, 창 밑에 웬 사내놈 하나가 모자도 안 쓴 채 시가를 피우고 있잖아요. 나는 틀림없이 이놈이 간부라고 확신하고 화가 치민 나머지 방에 있던 트렁크를 집어 들어 창밖의 녀석 머리 위를 향해 내던졌더니 그대로 그 놈이 죽더라구요. 그래서 유죄로 선고되어 교수형을 받았습니다."

"그럴 만하구나. 다음, 빌리는 또 어찌하여 죽어서 왔는고?"

"저는 친구를 만나려고 약속 장소엘 갔는데, 시간이 맞지 않아서인지 친구가 그 자리에 없더라구요. 그래서 친

구가 오길 기다리며 담배를 물고 서성거렸습니다. 그때 갑자기 머리 위로 뭔가 떨어져 크게 부딪쳤나 싶더니 그 뒤의 기억은 없습니다."

"끝으로 허드슨은 어찌하여 죽어서 왔느냐?"

"죽는 날 저는 어느 유부녀의 아파트에 가 있었습니다. 그 여자가 말하길, 남편은 그날 밤 들어오지 않는다고 하더군요. 그래서 마음을 툭 놓고 한 라운드를 끝내고 시가를 피우고 있었는데, 갑자기 남편이 들어왔어요. 겁에 질려 피할 곳을 찾는데 여자가방구석에 놓인 빈 트렁크를 가리키며 거기에라도 들어가 있으라고 했어요. 얼른 그 속에 들어가 웅크리고 있는데, 갑자기 공중으로 붕 뜬 것 같더니 그대로 곤두박질쳐져서 무엇과 부딪혀 버렸습니다. 그래서 죽고 말았지요!"

살맛

병이 난 듯 무기력한 어느 남자가 병원을 찾아와 우울한 표정으로 의사에게 말했다.

남자 : 선생님 제가 언제까지 살 수 있는지 진찰 좀 해 주세요.

의사 : 오래 살고 싶으신가요?

남자 : (침울한 목소리로) 네……..

의사 : 담배와 술을 하나요?

남자 : 아뇨.

의사 : 그럼 운전은 하나요?

남자 : 아뇨, 전 위험한 일은 안 해요.

의사 : 그렇다면 도박이나 여자는 좋아하나요?

남자 : 아뇨, 관심 없어요.

그러자 의사는 잠시 심각해지더니 이렇게 말했다.

"아니, 그럼 무슨 재미로 오래 살려고 하는 거요?"

똑 소리 나는 건강검진

초로의 부부가 건강검진을 받았다.

의사 : 건강상태는 아주 좋습니다. 상담하실 다른 문제점은 없나요?

남편 : 한 가지 있습니다. 최근 몇 년간 이 사람과 섹스를 할 때면 땀이 많이 났다가 그 다음에는 아주 한기가 들고 춥거든요. 병이 아닐까요?

의사 : 이상하군요. 사모님의 건강도 아주 양호한데……. 생활하실 때 별다른 문제가 있기라도……?

아내 : 없어요.

의사 : 그런데 잠자리를 할 때 남편께서 처음에는 땀이 나고 다음에는 한기가 난다고 했는데, 혹시 사모님께서는 왜 그런지 아십니까?

아내 : 참, 내~! 1년에 두 번밖에 안 하니까 그렇죠. **첫 번째는 7월에, 두 번째는 12월에 하거든요.**

커플과 솔로의 차이점

커플 – 항상 커플링을 끼고 다닌다.
솔로 – 허구한 날 추리닝(링)만 입는다.

커플 – 시내 극장 프로를 다 외운다.
솔로 – 모든 방송국의 TV프로를 다 외운다.

커플 – 서로에게 휴대전화로 안부를 묻는다.
솔로 – 가끔씩 자기 것이 작동되는지 시험해 보거나 시계로만 쓴다.

커플 – 상대에게 뭘 해줄까 고민한다.
솔로 – 자신이 뭘 먹을까 고민한다.

커플 – 결혼 계획을 세운다.
솔로 – 식단 계획 외에는 계획이 일절 없다.

커플 – 사랑이 깨지지 않는 한 영원하다.
솔로 – 누가 꼬시지 않는 한 영원하다.

여자가 질투하는 여자

✠ 10대 – 예쁜데 공부도 잘 하는 여자

✠ 20대 – 성형수술 했어도 티 하나 안 나고 더욱 예쁜 여자

✠ 30대 – 결혼 전에 별짓 다 하고도 시집가서 떵떵거리며 잘 사는 여자

✠ 40대 – 골프 치고 놀 것 다 놀고 쏘다니는데도 자식들 대학에 척척 붙는 여자

✠ 50대 – 먹어도~ 먹어도 살 안 찌는 여자

✠ 60대 – 건강도 타고 났는데 돈 복도 타고 난 여자

아빠의 칫솔

누나가 목욕을 하고 있는 광경을 꼬마가 열쇠구멍으로 엿보고 있었다.

이를 본 엄마가 꾸짖자, 호기심 많은 녀석 하는 말,

"저기~ 누나의 배 밑에 시커먼 것은 뭐야?"

대답이 군색했지만 엄마는 말하지 않을 수 없었다.

"응……. 그건 있지……. 칫솔이란다."

"아~ 알겠다. 그래서 요즘 아빠는 엄마 칫솔로 이를 닦는구나!!"

조금 더 밑으로 내려갔으면
조금 더 행복하게 해줄 텐데…

하나 사!

웃기는 부부.

"여보, 나 내일 동창회 모임이 있는데 입고 나갈 옷이 없어. 어쩌지?"

"하나 사."

"여보, 나, 들고 나갈 가방도 없는데 어쩌지?"

"하나 사."

"여보, 그런데 내일 동창회 모임에 부부 동반인 거 알지?"

"하나 사!"

용서받지 못할 남자

✠ 머리카락 없는 남자는 용서할 수 있어도 머릿속에 든 게 없는 남자는 용서할 수 없다.

✠ 머리가 벗겨진 것은 용서할 수 있어도 비듬이 떨어지는 남자는 용서할 수 없다.

✠ 키가 작은 것은 용서할 수도 있는데, 숏다리는 용서할 수 없다.

✠ 숏다리는 용서할 수 있어도 배 나온 남자는 용서할 수 없다.

✠ 눈 작은 남자는 용서할 수 있어도 쌍꺼풀 수술 한 남자는 용서할 수 없다.

✠ 귀 뚫은 남자는 용서할 수 있어도 귀가 꽉 막힌 남자는 용서할 수 없다.

✤ 과거 있는 남자는 용서할 수 있어도 미래가 없는 남자는 용서할 수 없다.

✤ 친구들 불러 고스톱 치는 것은 용서할 수 있어도 판판이 돈을 잃는 것은 용서할 수 없다.

✤ 밤일 시원찮은 것은 용서할 수 있어도 다른 여자랑 놀아나면서 힘이 왕성한 것은 용서할 수 없다.

✤ 어쩔 수 없는 외박은 용서할 수 있어도 속옷 뒤집어 입고 들어오는 것은 용서할 수 없다.

✤ 밥 많이 먹는 남자는 용서할 수 있어도 반찬 투정하는 남자는 용서할 수 없다.

✤ 날 사랑하지 않는 남자는 용서할 수 있어도 거짓 사랑을 고백하는 남자는 용서할 수 없다.

백일잔치

철수의 백일 잔칫날, 동네 사람 모두가 떡두꺼비 같은 아들 낳았다고 칭찬을 늘어놓았다.

우쭐해진 철수 엄마, 아들의 아랫도리를 벗겨 밥상 위에 떠~억하니 올려놓고는 뭇 여인네들에게 철수의 늠름한 거시기를 자랑스레 보여 주었다.

그때 옆집에 사는 수다쟁이 여자가 가까이 다가와 철수의 고추를 자세히 들여다보며 만지작거리다가 푼수 같은 한 마디를 했다.

"어머, 신기도 해라! 어쩜, 지 아빠 꺼랑 똑 같네~!"

다음 날, 철수네 집은 부부 싸움이 대판 붙어 경찰이 출동했다나?

신혼여행 후유증

막 신혼여행을 마치고 교실에 들어온 여교사.
수업을 진행하려는데, 학생들이
재미있는 얘기를 해달라고 졸랐다.
그러자 여교사가 말했다.

·
·
·
·
·

자, 그만하고 공부하자. 모두 책 벗어!!!

애인의 절대 조건

✠ 서로의 일상에 11이 간섭하지 않으며

✠ 주고받는 사랑에 22가 없어야 하며

✠ 얼굴과 몸매는 33해야 되고

✠ 애인이 내리는 결정에 44건건 참견하지 않으며

✠ 침대에서는 55하고 소리가 나게 해 주어야 하며

✠ 때로는 과감하게 69체위도 할 줄 알아야 하며

✠ 성격은 77맞지 않고

✠ 정력은 88해야 한다.

✠ 마지막! 경제력이 00(빵빵)한 게 제일 중요하다.

이 유

수술실에 들어갔던 아들이 황급히 도망치다 아버지에게 잡혔다.

"이놈아! 수술도 하기 전에 도망치면 어떻게?"

"아빠도 그런 말 들어봐요. 도망 안 칠 수가 있는지……."

"무슨 말을 들었는데?"

"글쎄, 간호사가 이런 말을 하잖아요! 맹장수술은 간단하니까 용기를 내세요, 하고……."

"이놈아! 그건 당연한 말 아니냐?"

아들은 울상이 되어 이렇게 말했다.

"나한테 한 말이 아니라 의사한테 한 말이에요!"

순진한 남자, 밝히는 남자

〈첫 만남〉

순진한 남자는 여자를 처음 만났을 때 간단히 목례를 하지만 / 밝히는 남자는 반드시 악수라는 형식으로 손부터 잡아 보고 시작한다.

〈데이트〉

순진한 남자는 데이트를 할 때 저녁을 먹고 커피를 마시지만 / 밝히는 남자는 저녁을 먹고 술을 마신다.

1차……. 2차……. 3차…….!

〈대화〉

순진한 남자는 여자의 눈이나 입을 보면서 이야기하지만 / 밝히는 남자는 여자의 가슴과 그 아래를 보며 이야기한다.

〈구두〉

순진한 남자는 여자와 같이 걸어가다가 여자의 구두굽

이 부러지면 구두를 들고 뛰어가서 구두굽을 고쳐오지만 / 밝히는 남자는 얼른 여자를 등에 업고 구두를 고치러 천천히 걸어간다.

〈영화〉

순진한 남자는 영화를 보고 싶다고 하면 예약을 해서라도 개봉관으로 데리고 가지만 / 밝히는 남자는 일부러 매진되는 곳만 골라서 다니다가 어쩔 수 없다면서 비디오방으로 데리고 간다.

〈관계〉

순진한 남자는 사귀는 여자와의 관계를 지극히 정상적인 방법으로 하지만 / 밝히는 남자는 여러 가지 방법(?)을 계속 요구한다.

〈이별〉

순진한 남자는 여자와 이별할 때 행복하라고 악수만 하고 헤어지는데 / 밝히는 남자는 끝까지 한 번 더 안아보고 헤어진다.

성질 급한 사람 순

(중국집에서)

3위- 자장면 하나 빨리, 빨리요!

2위- 제일 빨리 되는 거 뭐요? 그거 빨리!

1위- 젓가락 까면서 "자장, 빨리!"

(삼겹살 먹을 때)

3위- 색깔 변하면 먹는다.

2위- 3도 화상이면 먹는다.

1위- 김나면 먹는다.

(소주 마실 때)

3위- 잔을 입에 탁 털어 넣는다.

2위- 병으로 마신다.

1위- 병에 빨대를 꽂는다.

(채팅할 때)

3위- 어솨여

2위- 하이

1위- gkdl

기도는 통한다?

선교사가 밀림 마을로 가는 도중 길을 잃고 헤매는데, 호랑이가 나타나 그를 잡아먹으려고 입을 쩍 벌려 덤벼들 찰나였다.

선교사는 '호랑이에게 물려 가도 정신만 차리면 산다'라는 말이 생각나 기도를 시작했다.

"하늘에 계신 하나님 아버지, 저 맹수에게 성령이 임하게 하옵시고……. 영광을 돌리시고……. 아버지의 뜻대로……. 아멘!"

그러자 그의 기도가 이루어졌는지 호랑이가 다소곳이 몸을 숙이고 앉더니 앞발을 모아 이마에 붙이고 뭐라고 중얼거리는 것이다.

"하늘에 계신 하나님 아버지, 오늘도 이렇게 일용할 양식을 주셔서 감사합니다!"

낚시와 섹스의 공통점

1) 먼저 누군가의 입질로부터 시작한다.
2) 가끔 특별한 미끼로 유인하기도 한다.
3) 잘못하여 코 꿰는 사람도 있다.
4) 직장인들은 주로 밤에 하지만, 백수들은 아무 때나 할 수 있다.
5) 혼자 하기도 하고 여럿이 모여서 하기도 한다.
6) 자기가 직접 하기보다는 구경하는 걸 즐기는 사람도 있다.
7) 초보자들이 여기에 빠지면 잠도 안자고 한다.
8) 이에 관한 말이면 누구나 엄청난 뻥을 친다.
9) 많은 국민들이 하고 있지만……. 국가에서는 절대 간섭하지 않는다.
10) 선수쯤 되면 도구를 항상 휴대하고 다닌다.
11) 이걸로 생계수단을 삼는 사람도 있다.
12) 사용되는 도구가 길거나 짧은 것도 있다.
13) 정말 미치면……. 아부지 제삿날에도 한다.
14) 변칙적 방법을 사용하는 사람들이 꼭 있다.
15) 이거 하는 자세는 세계 어디서나 유사하다.

채팅과 섹스의 공통점

1. 빈방이 없어 못할 때가 있다.

2. 장시간 하면 허리가 무지 아프다.

3. 남녀가 할 때가 재밌지만 남자끼리도 한다.

4. 어떤 때는 한 여자에게 여러 남자가 덤빈다.

5. 방안에서 아내 몰래 하다가 걸리면 그날로사망이다.

6. 사람 없는 데서 해야 제대로 할 수 있다.

7. 주로 밤 12시 이후 활성화 된다.

섹스와 농구의 차이점

1. 농구는 골대만 있으면 장소에 구애받지 않는다. 섹스는 상대가 있어도 장소에 구애받는다.

2. 농구는 시간제한이 있다. 섹스는 힘들기는 하지만 시간 제한이 없다.

3. 농구는 골대가 크고 공이 작을수록 좋다. 섹스는 공이 크고 골대가 작을수록 좋다.

4. 농구는 낯선 사람에게도 "한 번 하자"고 말할 수 있다. 섹스는 그런 말을 했다가는 코피 터지고 고소당한다.

5. 농구는 내가 골을 못 넣으면 동료가 대신 넣어 준다. 섹스는 동료가 대신 넣으면 웬수 된다.

인터넷과 섹스의 공통점

✤ 이 시간에도 세계 어느 곳에서 누군가는 하고 있다.

✤ 들어가기는 힘들지만 일단 들어가면 맘대로 휘젓고 다닐 수 있다.

✤ 시간제로 돈을 내고 하는 데도 있다.

✤ 어떤 곳에서는 추가로 돈을 요구하기도 한다.

✤ 잘하는 사람끼리는 더 잘하려고 다투어 경쟁이 붙는다.

✤ 잘못하면 바이러스에 감염된다.

✤ 불법에 대한 단속이 강화되었다.

✤ 평상시에는 크기를 줄여 놓았다가 실행할 때 다시 늘인다.

✤ 긴 것일수록 받는데 인내가 필요하다.

✤ 짧은 것은 빨리 끝나는 경향이 있다.

괜찮은 남자 만나기 어려운 이유

1) 착한 남자는 대개 못 생겼다.
2) 잘생긴 남자는 착한 것과 대개 거리가 멀다.
3) 잘 생기고 착한 남자는 자기도착증이 심하다.
4) 잘 생기고 착한 남자는 이미 결혼했다.
5) 별로 잘 생기지 않았지만, 착한 남자는 돈이 없다.
6) 별로 잘 생기지 않았지만, 착하며 돈이 있는 남자는 여자가 돈에만 관심이 있다며 멸시한다.
7) 잘 생기고 돈이 없는 남자는 여자의 돈에만 관심이 있다.
8) 별로 착하지 않지만 잘 생겨서 그런대로 봐줄 남자지만, 그게 또 여자가 별로 예쁘지 않다고 생각한다.
9) 여자를 예쁘다고 생각하며, 약간 착하고 돈이 있는 남자는 대개 겁쟁이다.
10) 약간 잘 생기고 약간 착하며 약간 돈도 있는 남자는, 수줍음이 많아서 절대로 먼저 다가오지 않는다.

아내 단속

평소 바람기가 있는 아내를 두고 출장을 갔다 온 남편. 헐레벌떡 아파트에 도착하여 입구 수위에게 물었다.

"제가 출장 간 사이에 낯선 남자가 집에 찾아온 적은 없나요?"

〈수위〉 없었어요. 이틀 전에 자장면 배달 온 것밖에는…….

〈남편〉 아~! 다행이군요.

그러자 수위가 말했다.

"아참! 근데, 그 배달 온 남자가 아직 안 내려 왔어요."

"여보, 헌금이 다 걷히기 전에는
누구한테도 '믿음이 없는 사람'이라고 해선 안돼요."

신입사원

새벽까지 술을 퍼마신 신입사원이 회사에 출근하여 대낮부터 책상에 엎드려 코를 골며 자고 있었다.

그 꼴을 지켜보던 과장이 화가 치밀어 그에게 다가가서 소리를 버럭 질렀다.

놀란 신입사원, 벌떡 일어나면서 외쳤다.

"아니, 과장님. 이렇게 밤늦게 저희 집에 웬일이십니까?"

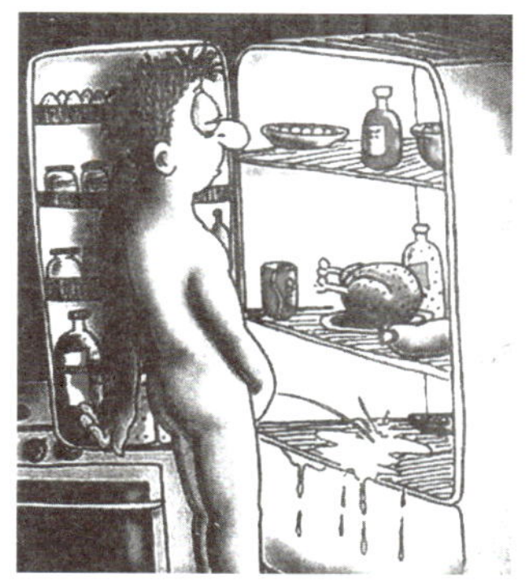

앗, 저것은 그 언젠가의 내 모습!

A급 건망증

한 여자가 왼쪽 가슴을 블라우스 밖으로 드러낸 채 길을 가고 있었다. 어떤 남자가 그녀에게 다가와 물었다.

〈남자〉 내 눈을 어디다 둬야 할지 모르겠군요.

〈여자〉 아니, 왜요?

〈남자〉 당신 왼쪽 젖가슴이 블라우스 밖으로 빠져나와 있잖소?

그러자 여자가 무척 당황하며 소리쳤다.

"에구머니나! 버스에 애기를 두고 내렸어요!!"

지구 종말 3분 전

아내 : 자기야. 만약에 3분 후에 지구 종말이 온다면 무얼 할 거야?

남편 : (신념에 차서) 물론 자기와 잠자리를 가지겠어! 사랑해……..

아내 : 그럼, 남은 2분 동안은 뭘 할 건데???

혀 짧은 애의 절규

어느 혀 짧은 애가 있었다.

그 애 집에 불이 났다.

119에 전화를 걸어,

"아더띠, 우디딥에 부랐떠요!"

그러나 알아듣지 못한 아저씨는

"뭐?"

"아더띠, 우디딥 부랐따구요!"

아저씨는 다시

"뭐?"

다급했던 애,

"이 띠발노마, 너때메 우디딥 다따다!!!"

성차별

골목길 으슥한 곳에서 한 쌍의 남녀가 노상 방뇨를 하고 있었다.

이때 현장에 갑자기 나타난 경찰관이 경범죄로 벌금을 물리는데, 여자는 5만 원, 남자는 10만 원을 매겨 딱지를 끊었다.

이에 불만을 품은 남자가

"이거 성차별 하는 거유? 왜 나만 10만원이유?"

그러자 경찰관이 하는 말,

"넌 흔들었잖아!"

'거기'의 영단어는?

봉달 : 봉순아, 지금부터 내가 말하는 단어를 영어로 말해 봐. 자~ 시작한다~ 가슴!

봉순 : 바스트(bust).
봉달 : 허리는?
봉순 : 웨스트(waist).
봉달 : 엉덩이는?
봉순 : 히프(hips).
봉달 : 그럼 거기는?
봉순 : (얼굴이 빨게지면서) 아~잉, 난 몰러……..
봉달 : 뭐? 거기도 몰라? 데어(there)잖아~

짤막 유머(1)

*건망증 부부의 잠자리

부인이 그것이 생각나 남편 위로 올라갔다.
건망증이 심한 부인이 하는 말,
"아이! 내가 왜 여기에 있지?"
그러자 역시 건망증이 심한
남편이 말하길,

⋮

"댁은 누구세여?"

짤막 유머(2)

*정직한 노인과의 인터뷰

인터뷰어 : 용돈은 누가 줍니까?

노인 : 큰아들이 줍니다.

인터뷰어 : 그 돈을 어디에 쓰십니까?

노인 : 작은아들 집에 갖다 줍니다.

*한 입에 두 말

출근시간에 버스가 정류장에 서지 않고 쌩하니 달려가 버리자,

타기 전 : 개쉑이!! 서지도 않고 뺑소니치네!

탄 뒤 : 쭈아~ 쭈아! 시~원하니 달리군요. 기사양반.

낙서 유머(1)

*빈부의 차이-

✠ "꼬르륵"

✠ "꾸르륵"

*세상에서 가장 웃기는 사람 -

✠ 웃지 않는 사람

*님과 놈의 차이-

✠ 놈이 변하면 님, 님이 변하면 놈

*신호등 위반자 -

✠ 고스톱을 못해서 말썽난 사람

*그를 처음 봤을 때 저는 알몸 이었어요-

✠ 인어공주

낙서 유머(2)

*미완성 교향곡 –

✠ 약혼했다가 파혼당한 노처녀의 웃음

*내 직업 –

✠ 직업을 찾는 직업

*어느 판사의 오발탄 –

✠ "에……. 오늘 뜻 깊은 결혼식을 맞아 피고 ○○○군과 원고 ○○○양의…….

*늑대와 여우가 결합하면 –

✠ 토끼가 나온다.

*어느 날 술집에서

사장은 여자에 취해 정신없고
상무는 술에 취해 정신없고
과장은 눈치 보기에 정신없고
말단인 나는 빈 술병 헤아리기에 정신없었어!

크기 때문에…….

이혼 법정에 선 부부에게 판사가 왜 이혼하느냐고 물었다.

부인 : (한 손으로 팔꿈치를 잡으며)-이만 하기만 해도 좋겠어요. 이번에는 (팔목을 잡으며)-그게 안 되면 이만이라도 좋아요. 다음으로 (새끼손가락을 잡으며)-요만한데, 어떻게 같이 삽니까?

그러자 판사가 이번에는 남편에게 물었다.

남편 : (엄지와 검지를 모아 원을 그리며)-이만하기만 해도 좋겠습니다. 그리고는 (두 손으로 손가락들을 전부 붙여 원을 만들며)-그게 안 되면 이만도 좋아요. 그리고 (두 팔을 머리 위로 모아 원을 만들며)-그런데 이만한 데 어떻게 합니까……..

파리의 한방

잠자리, 나비, 벌 그리고 파리가 만나 서로 뽐내기를 하고 있었다.

잠자리 : 너희들, 나처럼 섹시하게 날 수 있어?

나비 : 너희들, 나처럼 우아하게 날 수 있어?

벌 : 그럼, 너희들은 나처럼 빠르게 날 수 있어?

그러자 마지막에 나선 파리가 모두 가소롭다는 표정을 지으며 말하길,

"너희들~ 나처럼 똥 먹을 수 있어??"

"조류학자들은 그런 자세로
휴식을 취하나보죠?"

신나는 놀이

남편이 평소보다 일찍 퇴근하여 집에 왔는데 침실에서 이상한 소리가 들려왔다.

방문을 열자마자 눈에 들어온 것은 아내가 벌거벗은 채로 온몸이 땀에 흠뻑 젖어서 신음하고 하고 있었다.

남편은 깜짝 놀라서 허겁지겁 말했다.
"여보! 무슨 일이야? 왜 그래? 정신 차려!!" 라고 하자아내는 "시……. 심장마비인 같아요."라고 대답했다.

남편은 허둥지둥 119에 전화를 하려고 거실의 전화기를 들었는데, 네 살짜리 아들놈이 소리쳤다.

"아빠! 그게 아니고 아빠가 들어오자 옆집 아저씨가 장롱 속으로 들어가 숨어 있는데 옷을 하나도 안 입고 있어!"

아들놈의 그 소리를 들은 남편은 전화기를 꽝 내려놓고

방에 들어가 살기어린 눈길로 장롱을 쳐다보더니 그 문을 활짝 열어젖혔다. 아내는 비명을 질러댔다. 거기에는 정말 옆집 아저씨가 발가벗은 채 웅크려 있었다.

"이런 쳐 죽일 놈!"

"여, 여보게, 정말 미…….미안하네. 제발 용서해 주게."

그러자 남편이 분이 안 풀린 듯 씩씩거리며 말했다.

"이놈아! 내 마누라는 심장마비에 걸려서 다 죽어 가는데, 너는 내 아들 녀석하고 숨바꼭질이나 하고 있어? 그것도 얼마나 신이 나게 놀았으면 옷을 다 벗고 있는 게야!!!"

애완견과 변견의 차이점

〈분류〉

애완견– '애완용' 이며 '가족의 일원' 에 포함

변 견– '식용' 으로 사육, '가축의 일종' 으로 분류

〈짝짓기〉

애완견–좋은 혈통을 유지하기 위해 견종 단체나 수의사, 패트숍을 통해 교배시킨다.(짝짓기금액은 암캐 쪽에서 수캐 쪽에 지불하게 된다)

변 견–발정이 나면 온 동네를 휘젓고 다니며 스스로 해결(?)하고 온다.(수십 번 일을 치러도 공짜다)

〈2세〉

애완견–암캐와 수캐의 품종 및 혈통에 따라 좌우된다.

변 견–출산 직전까지 어떻게 생긴 녀석이 나올지 전혀 예측할 수가 없다.

〈주요 출연작〉

애완견– 101달마시안, 1박2일의 '상근이' 등

변 견– 전원일기, 영구와 땡칠이 등

내일 지구 종말이 온다면

✠ 노숙자 박 씨- "그래도 밥은 나오겠지?"

✠ 만삭 산모- "우리 애는 어쩌라고……."

✠ 기상 캐스터- "다행히 비는 내리지 않을 것 같습니다!"

✠ 노스트라다무스- "것 봐라, 내 말 맞지?"

✠ 하루살이- "아~무 상관없다!"

✠ 만취 된 김 씨- "술 없으면 무슨 맛으로 사노!"

피카소 그림

돈은 많지만 무식한 한 귀부인이 전문 가이드를 대동하고 미술품을 관람하고 있었다.

어떤 그림 앞에서 부인이 가이드에게 말했다.

"아, 이건 그 유명한 로댕의 작품이군요."

"이건 고흐의 그림인데요. 로뎅은 조각가죠."

가이드의 말을 듣고 부인은 얼굴을 붉혔다. 그뒤에도 부인은 매번 아는 척을 하다가 계속 무안을 당했다. 그러다가 부인은 이상한 그림 앞에 섰고, 이제까지의 무안을 떨쳐버릴 수 있는 좋은 기회라고 생각하면서 또다시 아는 척을 했다.

"오~ 이 이상한 그림이 그 유명한 피카소의 그림이 맞죠?"

"저……. 그건……."

가이드는 당황해 하며 낮은 목소리로 말했다.

"저……. 부인, 그건……. 거울인데요."

잘생긴 남자 vs 못생긴 남자

[컴퓨터를 하고 있을 때]

✠ 잘생긴 남자– 지적으로 보인다.

✠ 못생긴 남자– 맨~날 야한 거나 보나?

[울 때]

✠ 잘생긴 남자– 옆에서 달래주고 싶다.

✠ 못생긴 남자– 또 여자에게 차였나 보다!

[여자를 쳐다 볼 때]

✠ 잘생긴 남자– 혹시 나한테 관심 있는 거 아냐?

✠ 못생긴 남자– 곧바로 112에 신고

[양복 입었을 때]

✠ 잘생긴 남자– 몸에서 빛이 난다.

✠ 못생긴 남자– 정장에 투자한 돈이 어쩐지 아까워 보인다.

[길거리를 뛰어갈 때]

✠ 잘생긴 남자- 매우 바쁜 일이 있는 것 같이 보인다.

✠ 못생긴 남자- 돈 빌리고 도망치는 거 아냐?

[바닷가에서 혼자 서 있을 때]

✠ 잘생긴 남자- 무슨 고민이 있는 것 같다.

✠ 못생긴 남자- 자살하려고 온 거 아냐?

사내로 태어난 게 대견한 이유

✠ 취업 때 면접에서 몸매가 고려 사항이 되지 않는다.

✠ 같은 일을 하고 돈은 더 받는다.

✠ 성이 바뀌는 일이 없다.

✠ 자동차 수리를 하는 사람에게 속는 일이 없다.

✠ 주름살이 생기면 품위에 플러스 된다.

예쁜 여자 vs 못생긴 여자

[키가 크면]

✤ 예쁜 여자– 유^후, 완전 팔등신이네! 잘 빠졌다.

✤ 못생긴 여자– 저 떡대 봐, 완존 남자잖아?

[키가 작으면]

✤ 예쁜 여자– 유^후, 정말 귀엽다. 깨물어주고 싶어라.

✤ 못생긴 여자– 못생긴 데다 키도 작고……. 불쌍한 인생이구나.

[옷을 잘 입으면]

✤ 예쁜 여자– 역시 예쁘니까 뭘 입어도 잘 어울려~

✤ 못생긴 여자– 꼭 못생긴 것들이 튀어보려고 저런다니까!

[공부를 잘하면]

✤ 예쁜 여자– 예쁜데다가 공부도 잘하고 완벽하네.

✽ 못생긴 여자- 정말 독한 애군, 꼭 저런 애들이 시집 가면 시어머니한테 딱딱 따지고 들더라고.

[성격이 나쁘면]

✽ 예쁜 여자- 여자는 저렇게 튕기는 맛이 있어야 돼!

✽ 못생긴 여자- 얼굴이 안 되면 마음이라도 고와야지…….

[춤을 잘 추면]

✽ 예쁜 여자- 정말 멋저버려!! 저런 애랑 춤 한 번 춰 봤으면!

✽ 못생긴 여자- 구석에나 처박혀 있을 것이지, 나와서 웬 행패야?

그건 있거든요

시골 약국이라 없는 약이 더 많았다.

어느 날 환자가 찾아와 감기약을 달라고 하자, 약사는 이렇게 말했다.

"감기약은 없어요. 그냥 푹 쉬면서 나을 때까지 기다리세요."

"하지만 너무 괴로운 걸요."

"그럼 냉수로 목욕을 하고 속옷 바람으로 밖에 나가 돌아다니세요."

약사의 말에 깜짝 놀란 환자,

"그러다가 폐렴이라도 걸리면 어떡하죠?"

그러자 약사가 자신 있게 대답했다.

"저희 약국에 폐렴약은 있거든요!"

잔업 수당

일 잘하기로 소문나서 다른 직장으로 옮겨 온 여직원에게 사장이 말했다.

"오늘 밤 조금만 잔업을 해주지 않겠어?"

"네…….?"

일순간 여직원의 얼굴이 굳어지는 것을 보고 사장이 다시 물었다.

"왜, 전에 다니던 회사에서는 잔업을 하지 않았었나?"

"아뇨, 했습니다."

"그래, 수당은 어땠나?"

"잔업 수당과 저녁 식대, 그리고……..'"

"그리고?"

"2~30만원의 아침 식대를 따로 받았습니다."

"뭐라고! 아침 식대?"

"네, 그 회사 사장님은 다양한 기술을 원했거든요."

재미로 풀어보는 혈액형별 인생

#거짓말을 가장 잘하는 사람은?

1위 : O형-거짓말을 밥 먹듯이 하지만 결국 들통 날 거짓말을 한다.

2위 : B형-거짓말 하고도 무조건 잡아떼는 스타일이다.

3위 : AB형-거짓말을 잘 안하지만 일단 했다하면 완벽하게 한다.

4위 : A형--본래 거짓말을 못하는 스타일이다.

#가장 싸가지 없는 스타일은?

1위 : AB형--싸가지가 없을뿐더러 재수도 없다.

2위 : B형--약간 싸가지가 없다.

3위 : A형--싸가지라는 걸 모른다.

4위 : O형--일부러 싸가지 없는 행동을 하지만 본심은 착하다.

#학교에서 가장 튀는 스타일은?

1위 : O형--똑똑한 척의 대명사다. 그래서 잘 튄다.

2위 : B형--자신은 별로 튀기 싫은데 생긴 것 자체가 튀게 생겼다.

3위 : A형--튀지 않고 주위 사람들과 같아 보이려고 노력한다.

4위 : AB형--있는지 없는지 미미한 존재다.

#독서를 좋아하는 성격은?

1위 : B형--특유의 집중력으로 책을 잘 본다.

2위 : A형--고결한 성격 탓에 책을 가까이 한다.

3위 : AB형--산만한 성격이라서 책 한 장을 넘기기도 힘들다.

4위 : O형--놀기를 좋아하는 스타일이라서 책을 우습게 안다.

#집중력이 탁월한 사람은?

1위 : B형--천성적으로 고도의 집중력을 갖고 있다.

2위 : O형--리더가 되려는 생각에 없는 집중력을 만들어낸다.

3위 : A형--집중력이 모자라지만 성실함으로 커버한다.

4위 : AB형--본인은 집중력이 있다지만 실상은 산만하다.

#언어 능력이 탁월한 사람은?

1위 : O형--언어 능력을 천성적으로 타고 나서 이야기꾼이다.

2위 : B형--말을 조리 있게 하는 편이다.

3위 : AB형--글로 써서 연습해 보는 등 말을 잘하고 싶어 한다.

4위 : A형--말보다는 생긴 대로 살자는 식이다.

#스토커가 될 확률이 높은 사람은?

1위 : B형--지분대는 성격으로 스토커가 될 기질이 다분하다.

2위 : O형--쓸데없는 집요함이 있어 스토커가 되기 쉽다.

3위 : A형--무관심한 성격에 스토커 기질이 별로 없다.

4위 : AB형--자신의 사생활을 침해받는 걸 싫어하고 남의 사생활도 침해할 생각이 없다.

#사이코란 소리를 듣기 쉬운 사람은?

1위 : B형--숨기려고 애를 써도 숨길 수 없는 사이코적 기질을 갖고 있다.

2위 : A형--자기가 스스로 사서 사이코란 소리를 듣는다.

3위 : AB형--오히려 자신이 사이코이길 바란다.

4위 : O형--대부분 사이코와는 거리가 멀다.

#비밀을 많이 가지고 있을 듯한 사람은?

공동 1위 : O형과 B형--O형은 천성적으로 비밀을 담아두지 못하는 성격이라서 남들에게 자신의 비밀을 떠벌리고 다닌다. B형은 너무 솔직해서 탈이다.

3위 : A형--오랫동안 사귀면 비밀이 없이 모두 털어놓을 인간이다.

4위 : AB형--비밀이 생길만한 일을 하지 않으므로 털어놓을 것도 없다.

#귀엽게 생긴 사람의 혈액형은?

1위 : O형--대개 마루인형같이 생긴 사람이 많다.

2위 : A형--귀여운 타입보다 예쁜 타입의 사람이 많다.

3위 : B형--멍청하고 덜 떨러지게 생긴 사람이 많다.

4위 : AB형--귀엽거나 예쁜 것보다 스마트한 형이 많다.

#가장 능글맞은 사람의 혈액형은?

1위 : B형--하는 말이 다 능글맞다.

2위 : AB형--약간 능글맞다.

3위 : A형--능글맞은 것과는 거리가 멀다.

4위 : O형--능글맞아지려고 노력하는 스타일이 많다.

#무인도에 혼자 갖다 놓아도 잘 지낼 사람은?

1위 : B형--불굴의 강한 생명력으로 끝까지 끈질기게 살아남는다.

2위 : A형--삶의 의욕이 강하다. 살아남을 방법들을 찾는다.

3위 : AB형--살거나 죽거나 맘대로 대라는 식이다.

4위 : O형--혼자 있는 걸 싫어하고 수다스런 O형. 말할 상대가 없으면 차라리 자살을 택한다.

사람이 죽어갈 때

주일 성경학교 교사가 아이들에게 성경이야기를 해주고 있었다.

길가에서 매 맞고 강도를 당해 죽어가는 사마리안 이야기를 해주었는데, 워낙 실감나게 했기 때문에 아이들은 모두 감동을 받고 있었다.

교사가 이야기를 마치면서 질문을 했다.

"여러분은 만약에 길에서 그처럼 피 흘리며 죽어가고 있는 사람을 본다면 어떻게 하겠어요?"

잠시 침묵이 흐르다가 한 여자 아이가 조용한 목소리로 대답했다.

"토해요."

불량 작품

한 노처녀가 다락방을 청소하다가 어머니의 옛 일기장을 발견했다. 호기심에 어느 페이지를 들추어보니 이렇게 적혀 있었다.

– 1970년 1월 10일

싼 것이 비지떡이라더니 과연 그렇다. 그이가 굉장히 싼 콘돔이 있기에 샀다면서 시가의 반값 이하짜리 콘돔을 꽤 많이 사가지고 왔다. 그래서 바로 시험해 봤는데 금방 터지고 말아 모처럼 피임하려고 애쓴 보람이 수포로 돌아가고 말았다. 그만 임신을 하고 말았다. 이런 빌어먹을 싸구려 콘돔이여!

노처녀는 잠시 생각에 잠겼다가 깨어나 몸을 한 번 부르르 떨었다. 그녀의 생일이 2007년 11월 20일이었기 때문이었다.

콘돔과 브래지어에 관한 연구

* 공통점

1. 신체 중에서 가장 신축성이 뛰어나고 부드러운 부분을 감싸는 데 쓰인다.
2. 자신의 수준에 알맞은 사이즈를 선택해야지 이를 무시했다가는 창피당하거나 불편함을 느낀다.
3. 가까운 이성 이외에는 착용하고 있는 모습을 함부로 공개하지 않는 것이 좋다.
4. 필수품인데도 불구하고 남이 알아차리는 것 이 거북스러워 몰래 대개 낮은 목소리로 구매한다.
5. 불황을 거의 타지 않는 제품이라서 도산할 위험이 매우 적다.

* 차이점

1. 콘돔은 유사시에 긴요하게 사용되지만 브래 지어는 유사시에 찬밥 신세가 된다.

2. 콘돔은 사용 직후 폐기되지만 브래지어는 오 랫동안 재활용된다.
3. 콘돔은 만일 찢어지거나 구멍이 났을 경우 치명적인 결과를 초래할 수 있지만 브래지어 는 그렇지 않다.
4. 콘돔은 투명한 것, 브래지어는 불투명한 것을 원칙으로 한다.
5. 굳이 구분하자면 콘돔은 하의, 브래지어는 상 의라 할 수 있다.

일찍 귀가시키는 비결

A부인 : 당신은 밤늦게 들어오거나 외박이 잦은 주인양반을 매일 꼬박꼬박 일찍 귀가시킨다고 하는데, 대체 그것이 어떤 비결인지 가르쳐주시지 않겠어요?

B부인 : 아주 간단해요. 나는 남편이 밤늦게 돌아왔을 땐 억지로 졸린 듯한 목소리로 만들어 '당신이에요? 잭!' 하고 말했지요.

A부인 : 그래서 주인양반이 밤에 일찍 돌아오셨단 말씀예요?

B부인 : 우리 남편 이름은 해리거든요!

어느 대화

- 어젯밤 사무실에 있을 때 갑자기 정전이 됐지 뭐야!
- 그럼 캄캄했겠구나?
- 그야 물론이지. 누가 코 베어가도 모를 만큼 어두웠으니까……. 그런데 글쎄, 누가 느닷없이 나한테 달려들더니 껴안고 마구 뒹굴지 않겠어?
- 어머나, 저런 망측해라. 그래서 어떻게 됐니?
- 어떻게 라니, 아주 훌륭한 테크닉으로 날 미치도록 만족시켜 주더라.
- 그래서 너는 어떡했니?
- 나도 그를 만족시켜 주었지.
- 그가 누구인지 알 수 있어?
- 캄캄한데 누가 누구인지 알 수 있겠어? 다만 그것이 절대로 사장의 것은 아니고 그렇다고 해서 물론 전무나 부장 또는 과장들의 것도 더더욱 아니었어. 그러니까 틀림없이 일반사원의 것이라고 생각돼!!

허걱! 백십구 쌍둥이?

분만실 앞에서의 네 남자.

간호사가 나와 첫 번째 남자에게 말했다.

"축하해요. 귀여운 쌍둥이 아빠가 되셨습니다."

"정말 우연의 일치군요. 나는 엘지 쌍둥이빌딩에서 근무하고 있어요."

되돌아간 간호사가 다시 나와 두 번째 남자에게 말했다.

"선생님은 세쌍둥이 아빠가 되셨어요."

"아니, 이런 우연이! 나는 삼성에서 근무해요!"

이번엔 세 번째 남자에게 온 간호사가 말했다.

"어머, 기네스북에 오르겠어요. 일곱 쌍둥이가 태어났어요."

"세상에! 설마설마 했는데……. 나는 칠성사이다에서 일해요."

그러자 갑자기 네 번째 남자가 기절했다.

잠시 후 남자가 정신이 들자 간호사가 물었다.

"왜 그러세요? 뭐가 잘못됐나요?"

"뭐가 잘못됐냐구요? 나는 119구조대에서 일한단 말이오!!"

남자들의 군대 얘기

노인 셋이 자신의 군대 시절을 얘기했다.

김 노인 : 난 철원 전투에서 눈에 총알이 박혔어. 그래서 군의관이 다른 사람의 눈을 넣어주었는데 지금까지 아주 잘 보인다네.

이 노인 : 난 낙동강 전투에서 두 다리를 총알이 관통해 버렸어. 그런데 군의관이 다른 다리를 감쪽같이 붙여줘서 이처럼 멀쩡하게 걸어 다니고 있어.

이때 처음 입을 연 김 노인이, 가만히 듣고만 있던 박 노인에게 "당신의 군대 시절은 어땠냐"고 물었다.

박 노인 : (아주 겸연쩍은 표정을 짓더니)

다음과 같이 말했다.

"나는 별로 자랑할 게 없네. 백마고지 전투에서 한 번 전사한 것 빼고는 말일세!"

씹지는 못해도

나이 어린 직업여성들이 정기 검진을 받으려고 보건소 앞에 줄지어 서 있었다. 할머니가 그 앞을 지나다가 무슨 일인가 하여 그들에게로 다가가 물어보았다.

"여기들 왜 서 있는 겨?"

대답이 곤란해서 머뭇거리던 한 아가씨가 "할머니, 여기 서 있으면 사탕 준대요."라고 말했다.

"그래? 그럼 나도 서 있어야제……."

할머니 차례가 되었다.

의사가 보고 놀라서, "할머니 그 연세에도 아직도 그 일을 합니까?"

그러자 할머니가 대답했다.

"이봐, 내가 씹지는 못해도 잘 빨아 먹을 수는 있어!!!"

염라대왕의 판정

목사와 총알택시 기사가 같은 시간에 죽어서 염라대왕 앞으로 갔다.

그런데 총알택시 기사는 곧 천국으로 보내지고 목사는 심사를 대기 중이었다.

목사가 아주 기가 막혀 염라대왕에게 항의했다.

"도대체 성직자인 저는 대기 중인데, 총알택시 기사는 바로 천국으로 보내진 이유가 뭡니까?"

그러자 염라대왕이 말했다.

"목사인 당신은 설교할 때 신도들이 모두 졸았지만, **총알택시 기사가 차를 몰 때는 모두들 기도를 드렸기 때문이니라~!!"**

연착한 귀신

금실이 아주 좋은 부부가 있었다.

하지만 불행하게도 아내가 몹쓸 병에 걸려 숨을 거두게 되었다. 숨을 거두기 전 아내는 자신이 죽더라도 재혼하지 말 것을 남편에게 신신당부하는 유언을 남겼다. 그러면서 만약 이 약속을 지키지 않으면 귀신이 되어 꼭 나타날 것이라는 일침을 놓았다.

그러나 남편은 한 해가 채 가기도 전에 재혼을 했다. 때문에 남편은 밤마다 전처가 귀신이 되어 나타날까봐 전전긍긍했다.

불안 속에 떨며 지낸 지 몇 달 째. 그때까지 귀신이 나타나지 않아 안심을 하고 마음 편히 지내고 있는데, 어느 날 전처가 긴 머리를 풀어헤친 귀신이 되어 나타났다.

"허걱! 왜, 왜……. 이제야 나타났어?"

남편을 뚫어지게 쳐다보던 귀신이 대답했다.

"머리하고 손톱을 기르느라 늦었다, 왜!!"

긍정과 부정 사이

어느 대학의 문법 강의 시간.
긍정과 부정에 대해서 교수가 가르쳤다.

"에……. 대부분의 언어는 긍정과 부정의 뜻이 이어지면 부정문이 되고, 부정과 부정의 뜻이 이어지면 긍정의 뜻이 됩니다. 그런데 러시아어의 경우는 부정과 부정이 이어져서 부정문이 되는 경우도 있습니다. 하지만, 긍정문의 경우는 다릅니다. 긍정+긍정의 경우가 부정이 되는 언어는 지구상에 없어요."

그러자 어떤 학생이 혼자 씨부렁거렸다.

"잘도 그러것다!"

귀고리 찬 사연

평소에 보수적인 사내가 귀고리를 했다.

동료가 그것을 보자, 그가 왜 갑자기 귀고리를 하게 되었는지가 궁금했다. "자네가 귀고리에 관심이 있었는지 난 짐짓 몰랐어."

그러자 귀고리를 한 사내는 "별것 아닌 거 갖고 괜한 생각 말게, 그냥 귀고리일 뿐이야."라고 짧게 대답할 뿐이었다. 그래도 동료는 궁금증이 가시지 않아 "언제부터 귀고리를 한 거야?"라고 다시 물었다.

사내의 답변은 이랬다.

"와이프가 내 차에서 이 귀고리를 발견한 날부터 어쩔 수 없이 이 귀고리를 하게 된 거야."

바로 그 날

한 심리학자가 '웃을 때의 입 크기'로 잠자리 횟수를 측정하는 데이터를 고안했다. 이 학자는 자신의 고안이 매우 정확하다고 믿었다.

그래서 길을 가다가 입이 귀에까지 쩍 벌어져 웃고 있는 한 남자를 붙들고 입 크기를 재어보고는 물었다.

"일주일에 여섯 번은 하죠?" -아닌데요.

"그럼 한 달에 한 번?" -아닌데요.

심리학자가 화났다.

"그러면 도대체 몇 번 해요?" -1년에 한 번.

"그런데 왜 그렇게 크게 웃어요?"

남자가 또 입 찢어지게 웃으며 대답했다.

-오늘이 바로 그 날이거든요!!

정신 나간 여자

✠ 태종대를 대학이라고 우기는 여자

✠ 몽고반점을 중국집이라고 우기는 여자

✠ 안중근을 내과의사라고 우기는 여자

✠ 허장강을 강이라고 우기는 여자

✠ 탑골공원과 파고다공원이 다르다고 우기는 여자

✠ LA가 로스엔젤리스보다 멀다고 우기는 여자

✠ 김대중 전 대통령이 요즈음 가끔 조선일보 칼럼을 쓴다고 우기는 여자

✠ 구제역이 양재역 다음이라고 우기는 여자

✠ 으악새가 새라고 우기는 여자

✠ 비자카드 받아놓고 미국 비자 받았다고 우기는 여자

누가 더 터프한가

쥐 세 마리가 모여 누가 더 터프한지 내기를 했다.

첫 번째 쥐가 위스키 잔을 단숨에 비우고 빈 잔으로 식탁을 내리치며 말했다.

"난 말야, 쥐덫을 보면 거기서 댄스를 춘다구! 그러구는 미끼로 쓴 치즈를 무로 유유히 사라지는 게 나야."

이 말을 들은 두 번째 쥐가 폭탄주를 연거푸 두 잔을 비운 후 술병을 머리로 깨부수며 가소롭다는 듯이 말했다.

"난 말야, 쥐약을 수집하는 취미가 있다네. 그걸 보이는 대로 모아 가루로 만들어 모닝커피에 넣어 마셔야 개운하거든!"

그러자 마지막 쥐가 지루하다는 듯이 하품을 하며 내뱉은 한마디.

"난 이렇게 노닥거릴 시간이 없어. 오늘밤도 고양이와 뜨거운 밤을 보내야 해!"

어떤 고해성사

독실한 믿음을 지닌 한 젊은 여성이 성당을 찾아 고해성사를 했다.

여자 : 신부님, 제가 지은 죄를 용서하소서.

신부 : 죄를 고백하면 용서받게 됩니다.

여자 : 지난밤 저는 예전 남자친구를 다시 만나 일곱 번이나 격렬한 사랑을 나누었어요.

그러자 신부가 한참을 곰곰이 생각하더니 이렇게 말했다.

신부 : 컵에 레몬 일곱 개를 짜서 담은 다음 그 주스를 마시세요.

여자 : 그렇게 하면 저의 죄가 씻어질까요?

신부 : 아뇨, 하지만 그렇게 하면 아직 아가씨 얼굴에 남은 웃음은 속 시원하게 지울 수 있을 겁니다.

가서 물어 봐!

부부가 가축 전시장에 갔다.

첫 황소의 안내문에 '지난해 50회 교미' 라고 적혀 있었다.

아내는 남편을 보며 "일 년에 50번을 했대요. 당신도 배워요."라고 했다.

다음 황소의 안내문에는 '지난해 65회 교미' 라고 적혀 있었다.

아내는 "한 달에 다섯 번도 더 되네요. 당신도 배워야 해요."라고 했다.

세 번째 황소에는 '지난해 365회 교미' 라고 적혀 있었다.

여자는 입이 딱 벌어지며 "어머! 어머! 하루 한 번이네. 당신 뭐 느끼는 게 없어요? 정말 배워야 해요."라고 했다.

그러자 남편이 아내를 보고 말했다.

"어디 365일 똑같은 암소랑 하는지 가서 한 번 물어 봐!!"

돈 꿔주면 안 되는 사람

✠ 수학자 – 돈 받으러 가면 갚기는커녕 갚든 안 갚든 마찬가지라는 점을 수학적으로 증명해 보인다.

✠ 물리학자 – 수학자가 정립한 이론을 실험으로 검증해 보고, 이론이 틀렸다는 게 확실하지 않으면 갚지 않는다.

✠ 통계학자 – 자기 하나 안 갚아도 전체 신용불량자 비율에는 영향이 없다는 생각이다.

✠ 화학자 – 돈과 성분이 똑같은 물질로 대신 갚을 가능성이 있다.

✠ 생물학자 – 자기가 아니라 복제인간이 돈을 빌렸다고 우긴다.

✠ 천문학자 – 다루는 숫자가 보통 조 단위이다 보니 1억 원과 1원을 똑같이 취급해 돈을 우습게 안다.

죄가 아닌 죄목

못생긴 여자가 회개할 것이 있다고 목사를 찾아왔다.

"목사님, 저는 매일 아침 거울을 보면서 그만 제 아름다움에 반해버리는 데, 이것도 죄가 되지 않을까요?"

그러자 목사는 고개를 저으며 말했다.

"죄라뇨? 괜찮습니다. 착각은 결코 죄가 아닙니다."

안목

아내가 새 옷을 사오자 남편이 핀잔을 주었다. "그걸 예쁘다고 고른 거야? 당신은 물건 고르는 눈이 너무 없어!"

이 말을 들은 아내가 한마디 했다.

"맞아요. 그래서 난 당신을 고르게 됐지 뭐예요!"

속담 바로 알기

✠ '식은 죽 먹기'

– 맛없다.

✠ '열 번 찍어 안 넘어가는 나무 없다'

– 찾아서 찍어보면 그런 나무 있다.

✠ '개똥도 약에 쓰려면 없다'

– 약에 쓰는 거 봤나.

✠ '로마는 하루아침에 이루어지지 않았다'

– 저녁에 이루어졌다.(아마도…….)

✠ '엎질러진 물은 담을 수 없다'

– 걸레로 닦아서 짜면 좀 담을 수 있다.

✠ '일찍 일어나는 새가 더 많은 벌레를 잡는다'

– 일찍 일어나는 벌레가 새에게 잡아먹힌다.

골프와 로또의 공통점

1. 동그란 공으로 한다.
2. 숫자가 표시된 공을 쓴다.
3. 전날은 모두 1등을 기대한다.
4. 기대감으로 시작하고 아쉬움으로 끝맺는다.
5. 홀인원(1등 당첨)되고나서의 뒤가 부담된다.
6. 상금이 다음 판으로 넘어가며 계속 커진다.
7. 될 것 같으면서도 잘 안 된다.(하고나서 항상 아쉽다)
8. 내가 1등이 안되면 다음 판으로 넘어가서 배판이 되길 은근히 기대한다.
9. 1등 아니면 별 볼일 없다.
10. 주말에 하는 사람이 제일 많다.
11. 숫자들의 조합에 울고 웃는다.
12. 공이 멈출 때까지 숨죽여 쳐다본다.
13. 욕심이 앞서면 힘들어지고 마음을 비우면 즐기며 할 수 있다.
14. 진행 중에는 공을 바꿀 수 없다.
15. 본업보다 더 전념하는 사람도 있다.

여자의 3단계 변천사

〈자녀 키우기〉

애 하나– 하나는 부족해, 둘은 있어야 외롭지 않지.

애 둘– 하나만 놓을 걸 그랬나? 키우기가 왜 이리 힘들어?

애 셋– (남편 아랫도리를 째려보고 악 쓰며) 그러니까 진작 묶어버려라 했잖아!

〈잠자리〉

애 하나– 오늘 또 ? 당신 힘들 텐데, 아~잉!

애 둘– 밑에 힘쓰지 말고 돈 버는 데나 힘써!

애 셋– (발길로 걷어차며) 짐승이니?

〈반찬 타박〉

애 하나– 맛없어? 내일 만난 것 만들어 줄게.

애 둘– 맛 괜찮은데 왜 그래? 애들같이 노네……..

애 셋– (반찬을 확 걷어차고) 배가 불렀어!

〈돈에 대한 가치관〉

애 하나- 많으면 뭘 해, 돈은 조금 부족한 듯한 게 좋아.

애 둘- 돈! 돈! 돈! 불러도 대답 없는 이름이여.

애 셋- (월급명세표를 노려보며) 내일부터 굶어!

〈와이셔츠 다림질〉

애 하나- 이리 줘. 남자가 왜 이런 걸 해? 내가 할게.

애 둘- (빨래 후 내내 주름이 주글주글) 알아서 입고 가!

〈TV 채널권〉

애 하나- 당신 좋은 것 봐. 난 애기 재울게.

애 둘- 남자가 TV에 목숨을 걸어, 쪼잔하게!

애 셋- (무심결에 아내가 보던 채널을 돌리면두 말 없다) 하나, 둘…….

미스 김의 고백

첫 번째 남자는 너무 아프게 했고

두 번째 남자는 날 반 죽여 놓다시피 했고

세 번째 남자는 이래라, 저래라 주문이 많았고

네 번째 남자는 처음 보는 기구까지 사용했고

다섯 번째 남자는 무조건 벌리기만 강요했고

여섯 번째 남자는 벌려진 그 곳을 샅샅이 구경!!

그리고 지금 이 남자는 매우 섬세하고 자상하다.

제발! 이 남자가 마지막이길 바랄 뿐이다.

–부산의 어느 치과에서 미스 김이…….

한국인이 가장 많이 하는 말

1. 진짜
2. 솔직히
3. 빨리
4. 인간적으로
5. 까놓고 말해서
6. 막말로
7. 너 이러는 거 아니다

〈학생의 경우〉

1. 있잖아요
2. 저요!
3. 빌려줘
4. 다음 교시 뭐냐?
5. 나 시험 망했어!
6. 아, 저 선생 졸라 싫어

〈엄마들의 경우〉

1. 밥 먹어!
2. 너 공부 안 해?
3. 그만 하고 빨리 자
4. 아이구, 잘 했네!
5. 돈 이거면 안 부족하겠어?
6. 빨리 이빨 닦고 자빠져 자!!

〈선생님들의 경우〉

1. 조용히 안 해?
2. 번호?
3. 몇 쪽 할 차례냐?
4. 숙제 한 거 꺼내 놔
5. 손 쫙 펴
6. 너 뒤로 가서 엎드려뻗쳐!

콩글리시 식 단어 풀이

✠ I do nat see you?

– 아이 둘 낳시유?

✠ Yes I can.

– 그래, 나는 깡통이다.

✠ Can I help you?

– 내가 깡통 따줄까?

✠ May I help you?

– 5월에 내가 널 도와줄까?

✠ I am sorry.

– 나는 쏘리입니다.

✠ Please sit down.

– 플리즈야, 앉아라.

✠ How do you do?

– 어떻게 니가 그럴 수 있니?

✠ Happy birthday to you.

– 너 잘 나왔다.

✠ How old are you?

– 하우야, 너 참 많이 늙었구나?

✠ Look at me again!

– 한 번만 봐 주세요!

✠ Man an man.

– 사람이 사람 같지 않니?

✠ I' m fine, and you?

– 나는 파인주스, 넌 뭐 마실래?

✠ See you again.

– 두고 보자.

그것이 큰 이유

찰리가 목욕탕에 갔는데, 탕 안에서 스미스란 녀석을 만났다. 스미스는 동네에서 잔디를 깎는 일을 하고 있었다. 그런데 스미스의 물건이 너무나도 커서 부러웠다.

"어이, 스미스. 좀 사적인 질문이네만 자네 건 왜 그렇게 크지?"

"이거요? 간단하죠. 전 자기 전에 이놈을 침대 기둥에 세 번 내리치거든요. 서너 달 계속했더니 이렇게 커지더라고요!"

오호, 생각보다 간단하군 그래……. 찰리는 잽싸게 집으로 달려가 아내가 자고 있는 침대로 다가갔다. 그리고는 그의 말대로 자기의 물건을 침대 기둥에 세 번 내리쳤다. 그러자 잠에서 깨어난 아내가 찰리가 하는 짓을 보더니, 눈을 부비며 비몽사몽 말했다.

"응, 스미스 왔어??"

가장 억울한 죽음

버스가 고가도로를 넘다 뒤집어져 많은 사람이 죽었다.

모두가 억울하게 죽었지만 그래도 가장 억울하게 죽은 사람이 있다.

그 네 사람을 꼽자면 다음과 같다.

- 결혼식이 내일인 총각이나 처녀
- 졸다가 한 정거장을 더 가는 바람에 죽은 사람
- 버스가 출발하는데도 억지로 달려와 간신히 탔던 사람
- 39번 버스를 89번 버스로 보고 탔던 사람

치과에서

손님 : 이 하나 빼는데 얼마죠?

의사 : 3만 원입니다.

손님 : 아니, 단 일 분도 안 걸리는 데두요?

의사 : 원하시면 천천히 빼드릴 수도 있어요.

놀부의 시계

놀부가 죽어서 천국과 지옥의 갈림길에 섰다.
이리저리 둘러보니 여기저기에 시계가 보였다.

놀부 : 여긴 왜 이렇게 시계가 많이 걸려 있죠?
가이드 : 저 시계들은 자신이 나쁜 일을 많이 하면 할수록 빨라지는 시계예요.

가이드의 말을 들은 놀부는 자신의 시계를 찾아보았는데 아무리 찾아도 보이지 않았다. 그래서 놀부는 의아한 마음으로 가이드에게 물었다.
놀부 : 전 나쁜 일을 하나도 하지 않아 시계가 없나 봐~요?

가이드가 태연스레 대답했다.

"놀부님 시계는 너무 빨리 돌아서 옥황상제님께서 선풍기로 쓰고 있는데요?"

한국사람 말 잘 듣게 하는 방법

✠ 유치원생 : 피카추 인형을 사준다고 한다.

✠ 초등생 : 여자 짝꿍으로 자리 바꿔준다고 한다.

✠ 중학생 : '왕따' 안 시키고 '짱' 시켜준다고 한다.

✠ 고등학생 : 내신 성적에 반영시켜 준다고 한다.

✠ 대학생 : 취업추천서 써 준다고 한다.

✠ 직장인 : 월급 많이 올려주고 승진시켜 준다고 한다.

✠ 공무원 : 인사고과에 적용해 준다고 한다.

✠ 국회의원 : 다음에 또 찍어준다고 한다.

직업별 프러포즈 방법

(성형외과 의사)

- 나랑 결혼하면 좋은 게 뭔지 알아요? 당신은 평생 날마다 아름다워질 수 있다는 거예요!

(종합병원 의사)

- 날 만날 때 예약을 하지 않아도 되는 유일한 여자가 바로 너였으면 좋겠어.

(간호사)

- 당신이 아침에 일어나 눈을 떴을 때 제일 먼저 찾게 되는 사람이 바로 나였으면 좋겠어요.

(판사)

- 내가 왜 판사가 되었는지 아세요? 내가 왜 그 힘들다는 사법고시를 악착같이 공부해서 패스하고, 그 뒤 오랜 변호사 생활을 거친 끝에 이 자리에 섰는지, 그걸 아세요? 오로지 당신 앞에 섰을 때 당당해지기 위해서, 당신을 지켜주기 위해서……. 나랑 결혼해 줘. 대답은 지금 안 해도 됩니다. 4주 후에 해 줘요!

(형사)

- 내 심장을 훔쳐간 죄로 당신을 체포합니다. 당신은 묵비권을 행사할 권리도, 변호사를 선임할 권리도 없어요. 물음에 대해 '네'로만 대답해야 합니다. 잘 알았지요?

(사진사)

- 절 봐요, 웃어요, 아~ 좋아요, 다시 한 번만 더. 바로 방금 그 표정으로 내 청혼을 받아 주었으면 해요.

(사업가)

- 내 사랑에 투자해! 네가 1을 투자하면 나는 3년 안에 100을 너에게 줄 수 있어.

(성우)

- 저는 여러 사람의 목소리를 낼 수 있지만, 당신에게는 내 진짜 목소리로 말하겠습니다. 저와 결혼해 주십시오.

(대형 트럭 운전기사)

– 내가 매일 몰고 다니는 저 차 뒤에 잔뜩 실린 것이 모두 당신의 사랑이었으면 좋겠습니다.

(모 델)

– 당신이 내가 본 남자 중 나와 눈높이가 맞는 유일한 남자군요.

(텔레마케터)

– 올해가 가기 전에 결혼식 올리시라고 전화 드렸어요. 결혼 시 신랑은 무료로 제공해 드리고 있습니다.

(홈쇼핑 호스트)

– 자~ 지금 시간이 얼마 남지 않았거든요? 여기저기서 계속 연락 오고 있어요. 나랑 결혼하려거든 지금 당장 말해 주세요.

(다단계 판매사원)

– 나랑 결혼해. 그리고 우리 결혼을 주변 사람들에게 고루 알려서 그 사람들도 결혼할 기회를 만들어 주자.

황당 문답(2)

Q : 사람들은 왜 옷을 입을까요?

A 나도 그게 불만이네!

Q : '국회의원' 을 다섯 글자로 줄이면?

A : 여기 네 글자를 다섯 글자로 줄여달라는 바보가 있습니다.

Q : 귤에서 오줌 맛이 난다. 껍질을 먹어서 그런가?

A : 너, 오줌 맛을 어떻게 아는 거냐?

Q : 여친에게 가슴 사이즈가 얼마냐고 물었더니 B컵이라고 하던데, B가 큰 건 아니잖아요. 근데 만져보거나 겉으로 봐도 크거든요. 어떻게 된 거죠?

A : 나도 만져봐야 알 것 같은데!

100점과 빵점

어느 학생이 놀기만 하다가 학기말 시험을 맞았다. 시험지를 앞에 두었지만 문제의 답을 모를 게 자명했다.한참을 그냥 붙들고 있다가 궁여지책으로 이렇게 써놓고 교실을 나왔다.

'하느님은 다 아십니다!'

시험지를 회수한 교수는 그것을 보고 우습기도 하거니와 너무나도 기가 막혔다.

그래서 그 학생의 답안지에 이러한 채점 기록을 남겼다.

'하느님은 100점, 학생은 빵점!!'

흑인의 의문

한 흑인이 하느님에게 물었다.

"하느님, 왜 저에게 검은 피부를 주셨나요?"

하느님이 대답했다.

"아, 그것은 아프리카 정글에서 밤 사냥을 할 때 위장색으로 좋고, 또 뜨거운 햇볕으로부터 자네를 보호해 주기 위해서지."

"그럼 제 머리는 왜 이렇게 곱슬곱슬하죠?"

"그건 자네가 정글 속을 뛰어다닐 때 머리가 헝클어지거나 덤불에 걸리는 일이 없도록 하기 위해서지."

그러자 흑인은 고개를 갸우뚱거리며 물었다.

"근데, 하느님. 왜 저는 여기 미국에서 태어난 거죠?"

제 정신이야?

젊은 부부가 심야에 아주 진한 성인영화를 보았다.

집에 돌아오자마자 아내가 남편을 들볶았다.

"당신은 왜 영화에 나오는 그 남자들처럼 해 주지 않는 거죠?"

조금 눈을 붙이고 출근을 해야 하는 남편은 아내의 그 같은 치근덕거림에 부아가 났다.

"당신 제 정신이야?"

버럭 소리를 질렀다.

"그 영화에 나온 사람들이 그렇게 하고 돈을 얼마나 받는지 알고나 하는 소리야!!!"

숏 개그(4)

*돌팔이

의사 : 어디 불편한 데는 없습니까?

환자 : 숨을 쉬기만 하면 몹시 통증이 느껴집니다.

의사 : 그럼, 숨을 멈추게 해 드리죠!

*그럼 나는?

"남자들은 모두 도둑놈들예요!"

"그럼 여자들은 장물이겠네!"

방문 밖에서 아들과 며느리의 입씨름을 들은 시아버지가 혼자서 중얼거렸다.

"그럼 나는 장물아비가 되는 건가?"

*성적표

맹구의 시험 성적은 한 과목만 '양' 이고 나머지 과목은

모두 '가' 였다. 통지표를 엄마에게 보여 주자 맹구 엄마가 하시는 말씀.

"얘, 맹구야. 너무 한 과목에만 신경 쓰지 말거라."

*무용지물

아들과 길을 가던 어머니가 과부의 아들인 철수를 만났다.

어머니 : (아들이 들고 있는 공을 보며) 얘야, 그 공을 아버지가 없는 가엾은 철수에게 주지 않겠니?

아 들 : (공을 등 뒤로 감추며) 싫어요. 공 대신 아빠를 줘 버리면 되잖아요!!

*부창부수(?)

부부가 자고 있었다.

아내 : (잠꼬대로) 자기야, 큰일 났어! 남편이 쳐들어 온 것 같아.

남편 : (벌떡 일어나더니, 그만 창문 밖으로 뛰어내렸다)

꼭지 딴 수박

교제한 지 6개월쯤 되는 남녀가 있었다.

오래 참아 온(?) 남자는 이제 어떻게든 여자와 잠자리를 하고 싶었다. 하지만 여자는 결혼 을 약속하기 전까지는 안 된다며 남자의 요구를 완강히 거절했다.

이에 심술이 난 남자가 여자에게 말했다.

"수박 한 통을 사더라도 잘 익었는지 안 익었는지 먼저 따거나 두들겨보고 산다는 거 몰라?"

그러자 여자가 대꾸했다.

"그럼, 자기는 한 번 따 버린 수박은 안 팔린다는 건 몰라?"

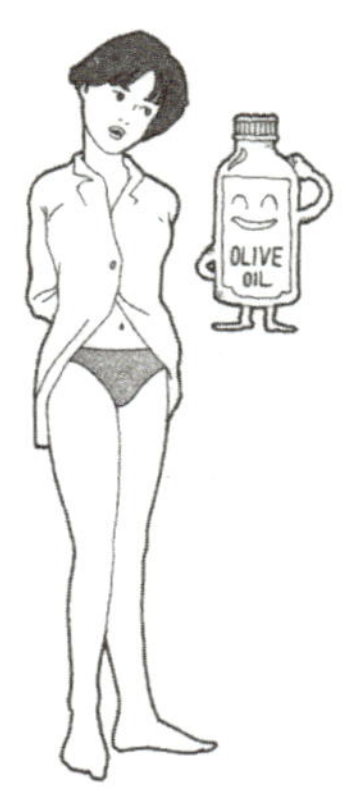

토끼 시리즈

〈 1탄! 〉

약국에 간 토끼 : 당근 있어요?

약사 : 아니.

다음 날 간 토끼 : 당근 있어요?

약사 : 없다고 했잖아.

그 다음 날 간 토끼 : 당근 있어요?

약사 : 없어! 한 번만 더 당근 있냐고 물어보면 가위로 너 귀 잘라버린다!!

며칠 뒤에 간 토끼 : 아저씨, 가위 있어요?

약사 : 아니.

토끼 : 당근 있어요?

〈 2탄!! 〉

그러고 난 다음 며칠 뒤, 토끼가 약국에 갔다.

토끼가 비싼 약을 집어 들고 약사에게 얼마냐고 물었더니, 약사가 인상을 쓰면서 4,900원이라고 했다. 그러자 토끼가 주머니를 뒤지더니 100원짜리 동전 49개를 바닥에다 확 뿌리고 도망치면서 말했다. “돈 거기 있어요.” 약사가 깜짝 놀라 앞으로 뛰어나와 동전을 주워 세어보니 정확히 100원짜리 49개였으므로 뭐라고 할 말이 없었다.

그런데 그 다음 날 토끼가 또 왔다. 역시 약사가 인상을 썼지만 먼젓번에 돈을 맞게 지불했으니 어쩔 도리가 없었다. 토끼가 또 똑같은 약을 집어 들었다. “얼마요?” 약사가 인상을 쓰며 4,900원이라고 하자, 토끼는 또 동전을 바닥에

다 확 뿌려 던지고 도망치며 말했다. “받아요!”

약사가 허둥지둥 뛰어나와서 바닥에 뿌려진 동전을 주워들었는데, 역시 100원짜리 동전 49개가 딱 맞았다. 약사는 단단히 뿔이 나 거의 울상이 된 얼굴로 토끼를 혼 좀 내줘야겠다고 마음먹었다.

다음 날, 토끼가 또 와서는 똑같은 약을 집어 들었다.

토끼가 얼마냐고 묻자, 약사가 또 4,900원이라고 했다. 그리고 이번에는 동전을 뿌리지 못하게 하려고 만반의 준비를 하고 있었는데, 그만 토끼가 만 원짜리 지폐를 내는 게 아닌가. 그러자 약사는 의미심장한 미소를 짓고는 모두 동전으로 준비하고는 그것들을 토끼 앞의 바닥에 확 뿌렸다.

"자, 잔돈 받아라!"

잔돈이 마구 바닥에 흩뿌려지자 토끼가 몸을 굽혀 달랑 동전 2개만을 주웠다. 그리고 잽싸게 약을 하나 더 집어 들고 말했다.

"오늘은 두 개 사요. 돈 거기 있고 저 갑니다."

우화 유머

〈벼룩의 배짱〉

황소의 콧등에 폴짝 뛰어올라 앉은 벼룩이 가는 뒷다리로 장단을 맞추며 들판을 향해 일장 연설을 시작했다. "여러분, 다들 들어보시오. 나의 발견이 얼마나 위대한지 모르겠소. 단언하지만 짐승 중에서 누구의 몸이 제일 큰가요? 여기서 보면 오직 벼룩만이 가장 크다는 것을 느낄 수 있소!" 벼룩의 말을 들은 꿀벌은 크게 웃음을 터트렸다.

"참으로 어이없는 주장이군요. 지나친 배짱 같소. 당신이 지금 어디에 앉은 줄 알아요? 두 눈을 똑바로 뜨고 보는 게 좋을 듯싶소."

꿀벌의 말에 벼룩은 득의양양하게 말했다.

"에헴, 상식만 가지고는 알 수 없지. 내가 앉은 곳은 바로 움직이는 큰 산이야!"

→ 큰 것의 눈에 보이지 않는 작은 것. 반면 작은 것의 눈에는 큰 것이 보이지 않는다.

〈 개구리 세상 〉

한여름 저녁, 수많은 개구리들이 논에서 개굴개굴 울고 있었다. 세상에는 온통 개구리 소리 뿐이었다. 그 중 몇 놈이 큰소리를 쳤다.

"아! 이 세상은 우리 개구리의 것이야." "이봐, 좀 작작 울라구. 저 별나라 산봉우리가 우리 땜에 꺼져버리겠어."

여기저기서 떠들며 신바람이 났을 때, 한 어린아이가 논배미에 돌을 던졌다. 갑자기 개구리들은 소리를 뚝 그쳤다. 사방이 쥐죽은 듯 고요해졌다. 시간이 얼마나 흘렀는지 모른다. 만물이 고요한 한밤중, 한 개구리가 떨리는 소리로 탄식을 했다.

"굉장하군! 지구가 터지는 줄 알았어."

→ 가끔 당신보다 훨씬 더 큰 존재가 당신을 보고 있을지 모른다는 생각을 해 보라.

족집게 점괘

어느 시골 마을에 사는 점쟁이가 시내를 나와 지나가는 사람에게 길을 물었다. 질문을 받은 사람이 그를 보니 평소에 안면이 있고 마을에서 조금 떨어진 곳에 사는 점쟁이였다.

그래서 비꼬듯이 말했다.

"당신은 점쟁이가 아니요? 그러니 어느 쪽으로 가야 하는지 이미 점괘가 나와 있을 것 아니오. 모르는 것이 없다는 점술가께서 지나가는 사람에게 길을 묻다니 우습지 않소?"

그러자 점쟁이가 말했다.

"모르는 소리 마시오. 내가 집을 나설 때, 이 지점까지 오거든 매우 건방져 보이는 행인을 붙들어 길을 물으라는 점괘가 나왔기 때문에 지금 실행하는 게요!!"

만약 '담배가 몸에 좋다면'

– 이런 상황이 연출된다!!

[상황 1] 공부하는 자녀에게

어머니 : 얘야, 머리도 식힐 겸 담배 한 대 피고 하렴!

아버지 : 그래, 엄마 말 듣고 한 대 펴! 저기 여보, 애 공부하는데 얼른 슈퍼 가서 담배 하나 사 와요. 저애 피우는 걸로 말이오.

[상황 2] 조회 시간

선생님 : 너들 아침에 안색이 안 좋아 보인다! 다들 담배나 한 대 물고 시작하자.

학생 : 저는 담배 안 피는데요.

선생님 : 너는 제대로 하는 게 머 있어! 그러니까 공부가 뒤처지지.

[상황 3] 학교 화장실

선생님 : 야~ 짜식, 어째 공부를 잘 하는가 했더니 화장

실서 까지 담배를 피네. 그래~ 건강하면 공부 도 잘 하는 법이지!

학생 : 선생님도 하나 피시겠어요?

선생님 : 짜~식, 선생님을 끔찍이도 사랑하는구나! 눈물이 다 나네.

[상황 4] 친구 병문안

친구 : 짜식~ 몸도 안 좋은데 담배나 한 보루 빨아라.

환자 : 고맙다……. 나 생각하는 건 너밖에 없다!

[상황 5] 친구가 장초를 버렸을 때

친구A : 너 미쳤어? 그 좋은 걸……. 나나 주지.

친구B : 아까운 표정으로) 그만 손가락에서 빠져버린 거야. 울 엄마가 시골에서 부쳐주신 건데……..

라디오 대용

남편이 섹스에는 전혀 관심이 없고 오로지 휴대용 라디오를 듣는 것에만 열중했다.

약(?)이 오른 여자가 어느 날, 남편이 욕실에서 샤워를 하는 동안 남편이 애지중지하는 라디오를 숨겨놓고 알몸으로 침대에 누워 남편이 나오기를 기다렸다.

욕실에서 나온 남편이 테이블 위에 놓았던 라디오를 찾았으나 오도 간 데도 없어서 안절부절 했다.

그때를 기다렸던 여자가,

"제가 당신의 라디오예요. 오른쪽 가슴이 FM이고 왼쪽 가슴이 AM이에요. 한 번 작동시켜 보세요."

남편이 오른쪽 가슴을 한참 주무르다가,

"뭐야! 이거 아무 소리도 나오지 않잖아?"

그러자 여자가 대답했다.

"건전지를 넣어야 소리가 나죠~"

화장실 '리플'

–긴급 속보! 이순신 사망!

밑에 누가 '리플' 을 달아놓았다.

……. 어허, 알리지 말라 일렀거늘!!

어깃장 드라마 Best 10

이런 드라마를 보고 싶다!

1. 가난과 어려움을 헤치며 굳세게 살아가는 여 주인공이 돈 많은 재벌 2세를 평생 못 만나 는 드라마.
2. 재벌 외동딸로 곱게 자란 아가씨가 매우 싹 수 있게 나오는 드라마
3. 성공할 수 있을 거라고 철석같이 믿고 보증 을 서주거나 돈을 꿔줬는데, 아니나 다를까 잠적도 하지 않고 열심히 일해 빚을 다 갚아 버리는 드라마.
4. 실연을 당하거나 스캔들에 휘말린 주인공이 외국으로 갑자기 유학 안 가고 그냥 한국에 눌러 사는 드라마.
5. 남자 주인공이 길을 가다가 불량배에게 괴롭 힘을 당하고 있는 젊고 예쁜 여자를 보고 분 노가 끓어 그 불량배들과 3대 1로 싸워 결국 수적 열세에 못 이겨 뒈지게 터지는 드라마.
6. 부모님이 반대하면 결혼을 포기하고 마는 드 라마.

7. 주인공들이 하룻밤의 실수로 한 번에 임신을 하지 않는 드라마.
8. 샤워를 하거나 잘 때 주인공들의 맨 얼굴이 나오는 드라마.
9. 여주인공이 잠자기 전에 메이크업을 지우고 자는 드라마.
10. 클라이맥스 때 달리는 자동차를 따라 잡겠 다고 주인공이 열나게 따라가면 그걸 본 운 전사 아저씨가 '어, 저게 뭐야?' 하며 차를세워 주는 드라마.

엽기 문답

Q. 안녕하세요? 전 자유를 사랑하는 24세의 여성입니다. 문제는 어젯밤에 제 남자친구와 화끈한 데이트 중에 일어났어요. 너무 열렬하게 한 나머지 몸에 자국이 심하게 남아버렸습니다. 내일 당장 수영장에 가기로 약속을 했는데, 남자 입술 자국이 새겨진 몸으로는 도저히 창피해서 갈 수가 없을 것 같으니 어쩌면 좋죠?

A. 문제 될 게 하나도 없습니다. 어차피 비키니 수영복으로 다 가려지는 데가 아닙니까?

Q. 42세의 중년 남성인데요, 요즈음 들어 아랫배가 더 부룩해지더니 큰 문제가 생겼습니다. 콩을 먹으면 콩이 그대로 나오고 오이를 먹으면 오이를 곧바로 배설해 버립니다. 이건 죽을병이 아닐까요? 도와 주십시오.

A. 그럼 똥을 먹어보세요. 똥이 나올 겁니다.

Q. 5년 동안 사귀던 여자와의 연락이 끊어졌습니다. 전화도 받지 않고 집 앞까지 찾아가도 만나주질 않습니다. 그래서 매일매일 편지를 쓰기 시작했습니다. 오늘로서 편지를 쓴지 200일이 되는 날입니다. 하지만 아무런 연락이 없군요. 정말 끝난 걸까요?

A. 집배원과 눈이 맞았을 확률이 높습니다.

Q. 저는 28세의 백수인데요. 일이 하도 안 풀려 용하다는 점쟁이에게 점을 봤더니, '돈뭉치가 정면으로 달려들 운세' 라고 합니다. 로또를 사는 게 좋을까요? 아님 경마장으로 가는 게 좋을까요?

A. 먼저 길을 건널 때 현금 수송차를 조심하세요!

Q. 결혼한 지 얼마 안 된 여성입니다. 너무 부끄러워 누구에게 말도 못하고 속으로만 끙끙앓고 있는 문젠데요. 제 남편은 커다란 시계포를 하고 있습니다.

그런지 몰라도 항상 "지금 몇 시 몇 분이지?" 하고 묻고 다니는 버릇이 있습니다. 그런데 잠자리에서조차 그런 말을 하니 큰 문제지요. 침대 위에서 여자를 안으며 '몇 시 몇 분이지?' 하고 묻는 남자 보셨나요? 분위기가 확 깨져요. 어쩌면 좋죠?

A. 그땐 사실대로 말하세요. '몹' 시 '흥' 분이라고.

Q. 저는 여객기 기장입니다. 짝사랑하던 스튜어디스가 다른 남자와 눈이 맞아 결혼을 해버렸습니다. 그런데 이게 무슨 운명의 장난인지, 신혼여행을 가는 그들의 여객기를 마침 내가몰게 되었습니다. 질투가 나서 도저히 그 비행기를 조종할 수가 없을 것 같고 또 그 남자에게 복수를 하고 싶습니다. 무슨 묘안이 없을까요?

A. 남자가 화장실에 들어가서 큰일을 볼 때 360도 급회전을 하십시오.

Q. 23세의 영문과 학생입니다. 중간고사를 즉석 회화

로 보고, 교수와 일대 일로 회화를 해야 학점을 딸 수 있답니다. 하지만 저는 회화는 젬병입니다. 무슨 방법이 없을까요?

A. 우선 교수에게 "Can you speak Korean."이라고 하십시오. 단박에 "Yes."라고 할 테니, 그다음부터는 우리말로 하십시오.

Q. 안녕하세요? 저는 13세 소녀입니다. 사춘기가 왔는지 요즘 여러 가지 생각으로 싱숭생숭합니다. 그 중 가장 큰 고민은 자꾸 '나'란 무엇인가? 하는 스스로의 질문에 사로잡혀 공부가 제대로 되지 않아요. 도대체 '나'는 무엇일까요?

A. '1인칭 대명사'입니다.

본능적인 남녀 인생사

[남자]

아기 때는 엄마젖을 빨고

어릴 때는 손가락을 빨고

학생 때는 담배를 빨고

성인이 되면 여자의 거기(?)를 빨고

결혼하면 아기를 빨고

아저씨가 되면 소주를 빨고

할아버지가 되면 틀니를 뺀다.

[여자]

아기 때는 엄마를 안고

어릴 때는 인형을 안고

학생 때는 친구를 안고

성인이 되면 남자를 안고

결혼하면 아기를 안고

아줌마가 되면 밥통을 안고

할머니가 되면 손자를 안는다.

말 되는 유머(2)

✠ 산중에서 울고 싶은 사람이 찾는 도시는

–울산

✠ 술 좋아하는 사람이 좋아하는 도시는

–청주

✠ 와글와글 분주하게 시끄러운 도시는

–부산

✠ 식욕 없는 사람이 찾아가고 싶은 도시는

–구미

✠ 싸움이 끊일 새 없는 도시는

–대전

✠ 뛈박질에 인생을 걸고 사는 도시는

–경주

✠ 노래 부르려는 사람이 먼저 찾는 도시는

–전주

✠ 무서운 도시로 널리 알려진 도시는

–이리

✠ 보석을 밝히는 사람이 좋아하는 도시는

–진주

✠ 생선매운탕을 좋아하는 도시는

–대구

✠ 철부자들이 많이 사는 도시는

–포항

✠ 고관대작들이 좋아하는 도시는

–의정부

✠ 목표에 대한 결과가 좋은 도시는

–달성

동물로 사는 남자 인생

✠ 한 살은 [왕]이다. 뭇 사람들이 왕을 알현하듯 어르거나 비위를 맞춰준다.

✠ 두세 살은 [돼지]다. 맨땅이든 진흙땅이든 가리지 않고 뒹군다.

✠ 열 살은 [염소]다. 웃고 떠들고 장난치며 뛰어논다.

✠ 열여덟 살은 [말]이다. 덩치는 큰데 지혜는 익지 않아 덮어놓고 힘자랑만 한다.

✠ 결혼을 하면 [당나귀]가 된다. 가정이라는 힘겨운 짐을 지고 무거운 발걸음을 옮겨야만 한다.

✠ 중년은 [개]다. 가족을 먹여 살리기 위해 뭇 사람들에게 꼬리를 치며 굽실거려야 한다.

✠ 노년은 [원숭이]다. 어린애 같아졌는데도 아무도 관심을 두지 않는다.

총각김치와 김장독

휴일 날, 모처럼 집안일을 거들던 남편이 김치를 담고 있는 부인의 엉덩이를 쳐다보며 농담을 했다.

"에구~ 이런 세상에, 갈수록 펑퍼짐해지는구먼! 크기가 김장독과 거의 비슷하네, 저런……."

자신을 놀리는 소리인 줄 알면서도 부인은 못 들은 척하며 하던 일을 계속했다.

남편은 재미를 붙였는지 이번에는 줄자를 가져와서 부인의 엉덩이를 재보더니 장독대로 달려갔다.

"어~응? 정말이네, 당신이 이겼네, 당신이 더 크네! 이런, 이런……."

문제는 그날 밤이었다.

남편은 침대에서 평상시대로 부인에게 다리를 걸치며 집적거리기 시작했다. 그랬더니 부인이 옆으로 홱 돌아누우며 하는 말,

"흥! 다 시들어빠진 쬐만 총각김치 하나 담자고 김장독을 열 수는 없지, 암만!!!"

솔직히 말해!

아주 날쌔고 무서운 곰 사냥에 나선 칠복이.

곰을 발견하자, 빠바방! 하고 총 세 방을 쐈다.

그러나 곰은 샤사삭! 피하더니 칠복이를 덮치며 물었다. "너 죽을래? 나랑 하룻밤 잘래?"

하는 수 없이 곰과 하룻밤 지낸 칠복이. 너무나 분해서 사격 연습을 열심히 했다.

며칠 후 다시 곰 사냥을 나갔다.

곰을 발견하자, 이번에는 네 방을 빠바바방! 쐈다. 그러나 이번에도 곰은 샤사사삭! 피하며 칠복이의 멱살을 잡고 말했다. "말 안 해도 알지?" 또 하룻밤을 곰과 지낸 칠복이. 수치스럽고 분하여 이 악물고 사격 연습을 했다.

다시 곰 사냥을 나선 칠복이, 곰을 발견하자 작심하고 빠바바바방! 하고 오연발 사격을 가했다.

그러나 이번에도 곰은 샤사사사삭! 피하며 칠복이의 멱살을 확 잡더니 이렇게 말했다.

"솔직히 말해, 너 사냥하러 오는 거 아니지???"

뿅 간 부부

해외 출장을 갔던 남편이 반 년 만에 돌아왔다.

너무 오랜만에 만난 부부는 그동안의 회포를 풀려고 격정적인 사랑을 나누고 있었다.

그때 갑자기 세찬 바람이 불어 현관문이 꽝하고 거세게 닫혔다.

그 소리에 깜짝 놀란 부부가 엉겁결에 서로 포옹을 풀며 동시에 외쳤다.

–남편이 먼저 외쳤다.

"어이쿠, 당신 남편이 돌아왔나 봐!"

–그러자 아내가 뒤따라 외쳤다.

"아녜요. 그이는 외국에 있어요!!"

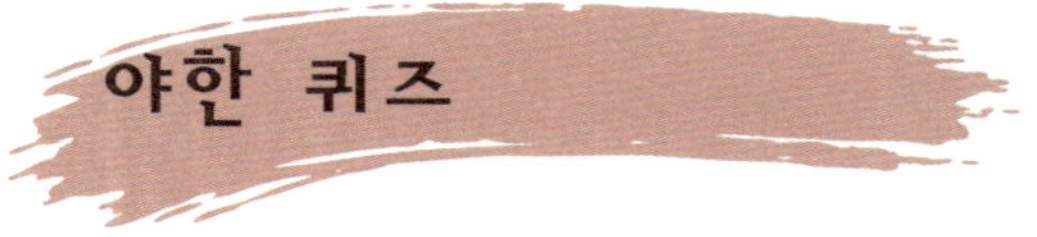

야한 퀴즈

(1) 바람난 여자가 제일 좋아하는 야채는?

(2) 바람난 여자가 제일 좋아하는 남자는?

(3) 가슴 큰 여자가 줄넘기를 하면?

(4) 달려오는 남자 몸에 뭔가 달랑거리는 것은?

(5) 달려오는 여자 양 옆에 2개가 흔들거리는 것은?

(6) 옷을 벗기고 다리 벌려서 먹는 것은?

(7) 밑에서 죽겠다고 야단인데 위에서 흥분하는 것은?

(8) 여자가 입이 크면 뭐가 커?

(9) 현대 여성이 특히 지켜야 할 도리는?

(10) 처음 뚫을 때는 피가 나고 아프지만 일단 뚫으면 평생을 두고 끼웠다 뺐다 해도 아프지 않은 것은?

(1)고추 (2)항상 서 있는 남자 (3)눈탱이가 밤탱이가 됨
(4)넥타이 (5)귀걸이 (6)나무젓가락
(7)낚시 (8)숟가락 (9)아랫도리
(10)귀걸이]

현명한 판단

어느 날, 왕이 감옥을 방문해 투옥된 죄수들에게 물었다.

"왜 잡혀 왔는고?"

"저는 죄가 없는데 잘못된 재판으로 왔습니다."

다음 죄수에게도 물었다.

"왜 잡혀 왔는고?"

"저도 잘못된 재판으로 왔습니다."

99명의 대답이 똑같았다.

마지막 100번째 죄수에게 물었다.

"너는 왜 잡혀 왔는고?"

"저는 살인과 약탈을 많이 해서 잡혀 왔습니다."

이 대답이 끝나자마자 왕이 말했다.

"여봐라, 이 사내를 어서 석방시켜라! 다른 죄수들이 물들라!!"

변호사네 고양이

변호사 집에서 기르는 고양이가 동네 생선가게에 뛰어들어 싱싱한 생선 한 덩어리를 물고 달아났다. 화가 난 생선가게 주인이 변호사 집으로 찾아갔다.

"만약에 어떤 고양이가 생선가게에서 생선을 훔쳐갔다면 그 고양이 주인에게 생선 값을 요구할 수 있는 거요?"

"물론이죠."

"그렇다면 만 원 내슈. 댁의 고양이가 우리 가게에 들어와 생선을 한 뭉치 훔쳐 갔수."

변호사는 말없이 생선가게 주인에게 돈을 내줬다.

그런데 며칠 후, 생선가게 주인은 변호사로부터 한 통의 서신을 받게 되었다.

– 변호사 상담료 : 10만 원 청구함!!

대략 난감한 상황

어둑한 밤길을 가던 여학생이 뒤따라오는 남학생을 의식하며 겁에 질린 채 부지런히 걸었다.

여학생이 걷는 속도만큼 남학생의 걷는 속도도 빨라졌다.

잔뜩 겁에 질린 여학생은 마침 앞에서 오는 한 아주머니에게 다급하게 말을 걸었다.

"어~ 엄마. 오늘 나 많이 늦었지?"

그러자 뒤따라오던 남학생이
그 아주머니에게 말했다.

⋮

"엄마, 얘 누구야? 엄마 아는 애야?"

재치 문답 시리즈(2)

1. 침 뱉으면서 먹는 떡은?
2. 고기를 먹을 때마다 따라오는 개는?
3. 타이타닉호의 구명보트에는 몇 명이 탈 수 있을까?
4. 귀는 귀인데 듣지 못하는 귀는?
5. 누룽지를 영어로 하면?
6. 꽃이 제일 좋아하는 벌은?
7. 일본 최고의 구두쇠는?
8. 날마다 정말 이상한 것만 쳐다보는 사람은?
9. 헌병이 가장 무서워하는 사람은?
10. 이상한 사람들이 모이는 곳은?
12. 추장보다 높은 사람은?
13. 앉아서 절하면?
14. 못생긴 여자만 좋아하는 사람은?

1.가래떡	2.이쑤시개	3.9명	4.뼈다귀
5.Bob by Bro wn	6.재벌	7.도나까와 쓰지마	8.치과의사
9.고물장수	10. 치과	11.고추장	12.. 고추장
13.좌절	14.성형외과 의사		

15. 아프지도 않은데 매일 쓰는 약은?
16. 육지에 사는 고래는?
17. 아홉 명의 자식을 3글자로 줄이면?
18. 먹을수록 덜덜 떨리는 탕은?
19. 운전사가 가장 싫어하는 춤은?
20. 차마 눈뜨고 볼 수 없는 여자는?
21. 추녀란?
22. 화롯불을 소리 나는 대로 쓰면?
23. 언제나 말다툼이 있는 곳은?
24. 발이 두 개 달린 소는?
25. 가장 어렵게 지은 절은?
26. 이혼의 근본적인 원인은?
27. 애 낳다가 죽은 여자는?
28. 정말 눈코 뜰 새 없이 바쁠 때는?
29. '개가 사람을 가르친다'를 4글자로 줄이면?

15.치약 16.술고래 17.아이구 18.추어탕
19.우선멈춤 20.꿈속에 나타난 여자 21.가을여자
22.지지직 23.경마장 24.이발소 25.우여곡절
26.결혼 27.다이애나 28.머리 감을 때 29.개인교육

30. 사람이 늘 가지고 다니는 흉기는?
31. 성숙한 여인들이 한 달에 한 번씩 치르는 행사는?
32. 소금이 죽으면?
33. 농부들이 먹고살기 위해 하는 내기는?
34. 새발의 피로 팔자 고친 사람은?
35. 인정도 없고 눈물도 없는 몹쓸 아비는?
36. '아이 추워' 의 반대말은?
37. 새 중에 가장 빠른 새는?

30.머리칼 31.반상회 32.죽염 33.모내기
34.흥부 35.허수아비 36.어른 더워
37.눈 감을 새

숏 개그(5)

*남자를 먼저 만든 이유

한 여자가 하느님께 "왜 남자를 먼저 만드셨어요?" 하고 물었다. 그러자 하느님이 말씀하시길, "만약 여자를 먼저 만들었다고 생각해 봐라. 뒤에 남자를 만들 때 여기를 크게 해 달라, 저기를 길게 해 달라며 잔소리가 심할 텐데 그걸 어찌 다 들어주겠니?"

*낚시꾼의 푸념

"여자 밝힘 증은 도박에 빠지면 해결되고, 도박은 마약을 배우게 하면 해결되고, 마약 환자는 낚시를 가르쳐 주면 끊는다. 근데 한 번 낚시꾼이 되면 방법이 없더라구!"

*여우 형제의 우애

한 여우가 애처롭게 "아우~~~ 아우~~~" 하고 울었다. 그때 옆에 있던 여우가 그를 쳐다보며 "혀엉~~~ 혀엉~~~" 하고 울부짖었다.

가장 뜨거운 바다는?

목사가 유머를 섞어 설교를 했다.

"세상에서 가장 차가운 바다는 '썰렁해' 입니다. 그럼 세상에서 가장 따뜻한 바다는 어디일까요?" 신도들이 대답을 못하자, 목사는 "그 곳은 '사랑해' 입니다."라고 말했다.

이 설교를 들은 어느 여 집사. 평소 남편으로부터 사랑한다는 말을 한 번 듣는 게 소원이었다.

그래서 집에 가서 갖은 애교를 다 부리면서, 목사님과 똑같은 질문을 남편에게 던졌다.

"세상에서 가장 차가운 바다는 '썰렁해' 래요. 그럼 세상에서 가장 뜨거운 바다는 어디게~요?"

남편이 대답을 못하고 머뭇거리자, 여 집사는 코맹맹이 소리로 힌트를 주면서 말했다.

"아잉~ 이럴 때 당신이 나에게 해주고 싶은 말 있잖아!"

그러자 남편이 이제 의미를 알아차렸다는 듯이 자신 있게 한 마디를 내뱉었다.

"열~바다!!"

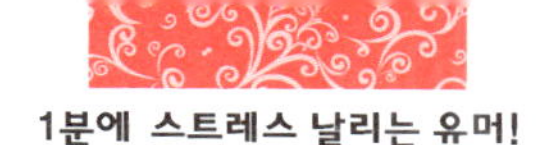

준오와 연이 스토리

1. 소꿉놀이

어느 날, 준오와 연이가 병원 놀이를 했다. 환자 역할의 연이가 옷을 벗고 누워 있는데, 의사가 된준오가 연이의 몸을 진찰하는 시늉을 했다.

갑자기 준오가 연이에게 물었다.

"있잖아……. 나 너 배꼽에 손가락 한 번 넣어 봐도 돼?" "그래……."

잠시 후 연이가 알래 꼴래 장단에 맞춰 외쳤다.

"배꼽 아닌데~ 배꼽 아닌데~!"

그러자 철수도 그 장단에 맞춰

"손가락 아닌데~ 손가락 아닌데~!"

잠시 침묵이 흐르더니 연이가 벌떡 일어나

준오의 손가락(?)을 꽉 잡고 이렇게 말했다.

"너, 나 책임질 수 있어???"

준오가 씨~익 웃으며 말했다.

"그러~엄! 내가 뭐 한두 살 먹은 어린앤 줄 아냐?" --

준오는 다섯 살이다.

2. 소꿉놀이 법정

소꿉놀이 단짝이던 준오와 연이에게 문제가 생겼다. 연이가 그만 임신을 하게 된 것이다.

동네가 발칵 뒤집혔다. 결국 연이 엄마는 준오 엄마를 고소하게 되었다.

법정에 선 연이 엄마가 울면서 악을 썼다.

"판사님, 어찌 이럴 수가 있나요……. 이 어린 것을 임신시켜 놓고 저렇게 발뺌을 하다니요!!"

그러자 준오 엄마가 벌떡 일어나더니, 준오의 바지를 확! 까 내렸다.

그리고 준오의 자그마한 꼬추를 잡고 판사에게 이렇게 말했다.

"판사님, 말도 안돼요. 이 어린 것이 이 작은 것으로……. 어떻게 임신을 시킬 수가 있단 말예요!!"

그러자 준오가 엄마 귀에 대고 가만히 말했다.

"엄마……. 오래 잡고 있으면 우리가 불리해져요!!!!"

숏 개그(6)

***여자의 가치 ➡ 10억**

✠ 우방주택 두 채

✠ 궁전빌라 두 채

✠ 전원주택 한 채

***남자의 가치 ➡ 7,000원**

✠ 우황청심환 2개
(세일해서 3,000원씩)

✠ 쏘시지 1개 1,000원
(유효 기간이 지나면 그마저도…….)

***여자의 몸값 ➡ 7,100원**

✠ 호박 1개 2,000원/호빵 2개 1,000원/
건포도 2개 100원/무 2개 4,000원

***남자의 몸값 ➡ 120원**

✠ 메추리알 2개 100원/풋고추 1개 20원

Shot Gag!!

숏 개그(7)

*가장 고약한 구두쇠

3위 : 수면제 샀다가 아까워서 먹지 않고 잠든 사람

2위 : 200자 원고지에 200자 꼭 채운 소설가

1위 : 대변을 보고 물 내리기 아까워 소변으로 쓸어내린 사람

*여자가 혀를 사용할 때

10대 : 메롱 할 때

20대 : 키스 할 때

30대 : 수다 떨 때

40대 : 곗돈 셀 때

부부 '잠자리' 우화

네 살 난 아들과 단칸방에 살고 있는 부부가 어느 날 사랑을 나누는데…….

남편 : 니 뽕 가나?

아내 : 아직 멀었심더.

좀 더 애쓰다가

남편 : 헉헉, 니 뽕 가나?

아내 : 아니에, 택도 없심더.

또 한참 애쓰다가

남편 : 헉헉, 인자 니 뽕 가나?

아내 : 더 할낍니더, 넬 주기뿌이소!

그러자 자는 줄 알았던 애가 소리쳤다.

아들 : 어무이요, 고만 뽕 갔다 해 뿌이소. 어무이 죽기 전에 아부지 죽겠심더!

이렇게 아들한테 망신당한 부부는 아들이 잠들기 전엔 그 짓을 절대로 하지 않기로 했다. 그래서 오늘은 아들이 자는지를 확인하기 위해 촛불로 아들의 얼굴을 비춰 보았다. 그러다가 촛농이 아들 얼굴에 떨어지고 말았다.

아들 : 앗, 뜨! 내 이래 사고 칠 줄 알았데이! 걍 하이소!!

그래저래 몇 해 뒤, 부부가 낮에 일을 벌이려는데, 여섯 살 된 아들이 자리를 좀체 비켜주질 않는다. 할 수 없이 천 원짜리 하나를 주며 옆집에 가서 놀다 오라고 했다.

그리고 한창 열을 올리고 있는데, 있느은~데! 아들이 돌아왔다.

아빠 : 와 이래 빨리 왔노. 천처이 안 오구?

아들 : 뒷집도 같은 거 한다 아입니꺼? 신경 쓰지 말고 예, 그마~ 하던 거 계속 하이소!!!!

제일 야한 가수는?

인순이가 '밤이면 밤마다'를 열창한 뒤 청중들에게 물었다.

"여러부~운, 가수 중에 제일 야한 가수가 누군지 아세요?"

청중들이 대답을 몰라 망설이자, 인순이가 말했다.

"현숙 씨예요. 저는 밤이면 밤마다 하지만, 현숙 씨는 '낮이나 밤이나' 하잖아요!"

황당 문답(3)

✠ 피는 피인데 엄마들이 좋아하는 피는?

(모피)

✠ 말과 행동이 다른 사람이 먹는 밥은?

(따로국밥)

✠ 가장 싼 사냥 도구는?

(파리채)

✠ '할머니 마음'을 3자로 줄이면?

(노파심)

✠ 도둑놈이 가장 하기 어려운 일은?

(도둑질)

✠ 가면을 벗으면 얼굴이 두 개인 것은?

(콩나물)

✠ 달이 물에 비치면 커 보이는 이유는?

(물에 불어서)

✠ 1+1은?

(중노동, 田)

✠ 더러워야 내는 세금은?

(오물세)

✠ 문제가 없으면 나도 없다고 하는 것은?

(답)

✠ 천 만 서울 시민이 한 마디씩 한다면?

(천만의 말씀)

✠ 죽었다 깨어나도 자기 마음대로 못하는 것은?

(죽었다 깨어나기)

✠ 노처녀가 사촌 땅 산 것보다 배가 더 아플 때는?

(사촌이 시집갔을 때)

✠ 겨울인데 미니스커트에 스타킹도 신지 않고 다니는 여자를 5글자로 줄이면?

(철없는 여자)

✠ '마시고 돈 내고 나가라'의 3글자 줄인 이름은?

(마돈나)

✠ 부모님이 물려주신 계산기는?

(손가락)

✠ 새 발의 피로 팔자 고친 사람은?

(흥부)

거기만 얼어붙어?

톰과 제니가 산장으로 겨울휴가를 갔다.

땔감 나무를 해가지고 돌아온 톰이

"자기야, 나 손이 얼어버렸어!"라고 했다.

그러자 제인이 "그럼, 내 사타구니 사이에

넣어서 녹여."라고 했다.

점심을 먹자마자 톰은 다시 나무를 하러 잽싸게

달려갔다. 그리고 돌아와서는 또 "자기야, 나 손이 얼어버렸어!"라고 했다. 이번엔 제인이 화를 냈다.

"입이나 귀는 얼지 않고 꼭 거기만 어냐?"

주정뱅이

젊은이들이 술을 마시고 있는데, 술 취한 한 남자가 비틀거리면서 다가왔다.

그러더니 가운데 앉은 젊은이에게 삿대질을 하면서, "잠자리는 니 어미가 이 동네에선 최고야!"라고 소리쳤다.

한바탕 싸움이 벌어질 판이었지만 젊은이는 가만히 있었고 주정뱅이는 저리로 가버렸다.

한 10분 후에 그 주정꾼이 다시 나타났다.

역시 가운데 앉은 그 젊은이에게 삿대질을 하며, "니 어미랑 막 한판 했는데 끝내주더라고!"라고 말했다.

이번에도 젊은이가 가만히 있었으므로 주정꾼은 저리로 가버렸다.

한 10분 후에 또 그 주정뱅이가 나타났다.

"니 어미는 심지어 뭣까지 나한테 해줬냐면 말이야……."

마침내 그 젊은이가 입을 열었다.

"아버지, 술이 과했으니 그만 집으로 가세요!!"

미술 문제

고등학교 미술시험에 다음과 같은 주관식 문제가 나왔다.

〈문〉미술 기법 중에 머리와 팔, 다리를 없애고 몸통만 그린 것을 무엇이라 하는가?

정답은 '토르소'였다.

다음날, 갑자기 미술선생님이 교실 문을 꽝! 하고 열어젖히더니, 매우 상기된 얼굴에 한손에는 몽둥이를 들고 버럭 소리 질렀다.

"병신이라고 적은 놈 냉큼 튀어 나와!!!"

할머니가 뿔났다! (1)

할아버지가 다른 여자와 일을 벌이고 있을 때 들이닥친 85세의 할머니.

어찌나 뿔이 났던지 고층 아파트 발코니로 영감을 끌고 가 밀어 던져 그만 숨지게 한 사건이 벌어졌다.

법정에 선 할머니에게 판사가, 자신을 변호하기 위해 무슨 할 말이 없느냐고 물었다.

"있잖아요, 판사 양반. 아흔을 넘긴 나이에 그 짓을 할 수 있는 거라면, 날아다닐 수도 있지 않겠나 하고 생각해서……."

할머니가 뿔났다! (2)

오피스텔 빌딩 엘리베이터 안에서의 일. 중간 층 쯤 되는 지점에서 젊은 미녀가 고급 향수 냄새를 풍기면서 타더니, 먼저 탄 할머니를 바라보고는 자랑스레 한마디 했다.

"온스 당 100달러짜리 지오르지오 향수예요!"

그런데 다음에 탄 젊은 미녀 역시 건방지게 할머니를 쳐다보면서, "온스 당 150달러짜리 샤넬 파이브라구요!" 라고 했다.

몇 층을 더 가서 할머니는 내려야 했다.

이때 할머니가 두 미녀를 쬐려보더니 사샤~허리를 굽혀 방귀를 내처 뀌었다.

그리고는 한 마디 던졌다.

"파운드 당 49센트인 브로콜리야!"

짤막 유머(3)

*결혼 년차

✠ 결혼 1년차= 남자가 말하고 여자는 듣는다.

✠ 결혼 2년차= 여자가 말하고 남자는 듣는다.

✠ 결혼 3년차= 남녀가 동시에 말하고 그 소리를 이웃들이 듣는다.

*이력서 작성 요령

✠ 본적 : 없는데요

✠ 주소 : 뭘 달란 말야?

✠ 호주 : 가 본적 없음

✠ 신장 : 두 개

✠ 자기소개 : 우리 자기는 넘 멋있음. 돈도 많음

짤막 유머(4)

*눈치는 빨라서…….

문제 있는 부부가 가정문제상담소를 찾았다.

많은 문제를 듣고 난 소장이 여자에게 다가가

"적어도 하루에 한 번은 부인에게 이렇게 해드려야 합니다."라며 껴안았다. 남편은 눈살을 찌푸리며 잠시 생각하더니 이렇게 말했다.

"알았어요! 내일 몇 시에 데리고 올까요?"

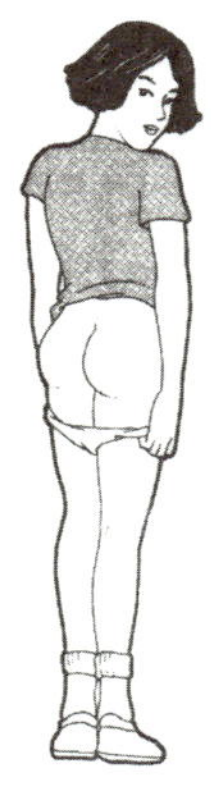

부부 수칙

프라이버시가 겁나게 강한 명품(?) 남녀가 결혼을 하고 집에 돌아와 서로의 규칙을 정하자고 했다.

"난 때를 불문하고 내가 들어오고 싶은 시간에 귀가할 것이니 군말 하지 말아요. 그리고 마음 내키는 대로 친구들 하고 사냥 가고 낚시 가고 도박도 할 것이니, 내게 참견하면 안 돼요. 이것이 내 규칙인데 할 말 있으면 해 봐요."

여자가 대답했다.

"좋아요. 다만 이것 한 가지는 알아둬요. 매일 저녁 9시엔 여기서 섹스 판이 벌어질 거예요. 당신이 집에 오건 말건요."

낙서 유머(3)

*돈과 사람의 차이점-

- 사람은 돈 앞에서 비굴하지만 돈은 사람 앞에서 비굴하지 않다.

*여자란?-

- 조물주가 깜박 졸면서 만든 실패작이다.(울퉁불퉁하니까)

*기도의 진실-

- A~Men!(아! 남자들이여…….) -노처녀

*월부장수의 독백-

- 사면 바보, 안 사면 개 XX

*명견-

- 안주가 없어서 깡쇠주를 마시려는데 우리 집 멍멍이가 어디선가 생선을 물고 오더라!

재치 문답 시리즈(3)

1. 폭풍우보다 무서운 비는?
2. '끓는 물에 손을 넣었다' 를 1자로 줄이면?
3. 야구선수가 수비하다가 잃어버린 책은?
4. 서울역은 어느 구로 들어갈까?
5. 광주는 특별시일까? 직할시일까?
6. '죽이다' 의 반대말은?
7. 양계장을 하다가 폭삭 망한 사람을 3자로 줄이면?
8. 쳐서 깨트리고 빨아먹는 것은?
9. 전기가 나가면 집집마다 걸리는 비상은?
10. 천자문의 첫 자와 둘째 자의 차이점은?

1.낭비 2.악 3.실책
4.개찰구 5.광역시 6.밥이다
7.알거지 8.날계란 9.초비상
10.천지 차이

글자풀이로 본 '미팅'

'Meeting' 은 다음과 같다.

(1) Meet → 일단 만나서

(2) Eat → 먹고 마시고

(3) Enjoy → 즐긴 다음에

(4) Together → 둘이 함께

(5) Interest → 재미있게 놀고 나서

(6) Natural → 아주 자연스럽게

(7) Goodbye → 헤어지는 것

베스트 오브 베스트

어떤 골목에 식당이 세 곳 있었는데, 경쟁이 아주 치열했다.

한 식당이 '국내에서 제일 맛있는 집' 이라는 간판을 써 붙였다. 이에 자극을 받은 건넛집은 더 크게 '세계에서 제일 맛있는 집' 이라는 현수막을 내걸었다.

하지만 손님은 나머지 한 식당이 제일 붐볐다.

그 식당의 간판은 아주 소박하게 이렇게 써 붙였다.

'이 골목에서 제일 맛있는 집'

1분에 스트레스 날리는 유머!